大川隆法
Ryuho Okawa

国を守る宗教の力

この国に正論と正義を

まえがき

善悪を取り違え、反対すべきことに賛成し、賛成すべきことに反対する国は、滅びていくしかない。

尖閣諸島の主権侵害のあと、中国の七十カ所あるいは百カ所をこえる地区で大規模な反日デモが行われており、アメリカの中華街でも何千人ものデモが行われている。明らかな「官製デモ」であり、日本のマスコミと政治家、国民をふるえ上がらせて、中国の「国内法」を「国際法」にしてしまうつもりである。日本人が上海ラーメンを頭にかぶせられているその時に、東京の銀座では、中国人が中国語をしゃべりながらショッピングを楽しんでいる。日本と中国との文明落差は、まだ七十年はある。彼らに、宗教心と道徳心を教えてやらねばなるまい。

本書には、やるべきことが書いてある。バカなマスコミと、バカな政治家を、民意でより分けていくことが大事である。

二〇一二年　九月十七日

幸福の科学グループ創始者兼総裁　大川隆法

国を守る宗教の力　目次

第2章　宗教立国の実現〔質疑応答〕

第3章　国を守る宗教の力

1　竹島と尖閣諸島の領有をめぐって　92

第4章　国を守る宗教の力〔質疑応答〕

第1章

宗教立国の実現

2012年5月13日　東京都・幸福の科学ユートピア活動推進館にて

1　立党三周年を迎えた幸福実現党

「政党としての本気の姿勢」が世間にも伝わりつつある

　このたび、幸福実現党は立党三周年を迎え、首相官邸まで歩いて行ける場所に本拠地を構えました（二〇一二年五月落慶「幸福の科学 ユートピア活動推進館」）。気の早い話ですが、すでに、立党の段階で〝第一党ビル〟の用意に入り、今、ようやく完成したところです。

　あとは、この場所を国会議員で埋めるだけです。こちらに入っていただければ、それで作業は終わりですので、簡単です。このように、〝入れ物〟もつくり、政党としてのかたちは、だいたいできてきたと思います。

また、内容についても、『幸福実現党宣言』（二〇〇九年六月刊〔幸福の科学出版刊〕）、次いで『新・日本国憲法 試案』（同年七月刊〔同〕）をはじめ、数多くの政治関係の本を発刊しました。また、政治テーマでの講演や、街宣等も多数行いました。それによって、政治を行っていくための骨格が一通りできつつあります。

今後、新しく出てくるさまざまな事態に合わせ、基本的な考え方や内容を、もう少し具体的に改変していかなければならないでしょうが、「『幸福実現党』は、このようなものである」という姿は、だいたい出てきているのではないかと考えています。

幸福実現党は、「とりあえず、三年間は持ちこたえた」というだけでも立派なものです。

「政党」には、特に明確な定義はなく、「政党法」といったものがあるわけでもありません。「一定の目的を持って政治活動をしている団体」であり、「行動の綱領」があり、支持者層があり、活動の拠点があって、さまざまな政治局面において運動している団体であれば、政党としては十分です。

政党要件にかかわる法律としては、現在、「国から交付金をもらうための基準」などを定めた「政党助成法」があるだけなので、坂本龍馬風に言えば、「ちんこい話」です。

私たちは、補助金などに頼らなくても活動できるため、そのようなものに左右されることなく、信念を貫いて活動をしていきたいと思います。

政党を新しく立ち上げても、「選挙で一回戦って、パッと散る」というものが多くありますので、その部分を世間も見ているはずです。したがって、「幸福実現党は、三年も続けて、まだやる気のようだ」というところを見て、世間の人々も、「いよいよ、本気かもしれない」という気がしてきたのではないでしょうか。

本気も本気です。ちなみに、今の党首には、少々、品がよすぎる面もありますが、最近、一皮剝けまして、三針縫う怪我をして、額に絆創膏を貼っています。映画「ファイナル・ジャッジメント」（製作総指揮・大川隆法。二〇一二年六月公開）とのタイアップ企画として、国難を訴えかけるためのショートドラマに主演した際、負傷し、〝流血の惨事〟のなかで演技したようです。三針縫って、党首も一皮剝け、何か変わりつつあるように感じます。

幸福実現党の強みは「アイデアの豊富さ」と「大きなビジョン」

幸福実現党のメンバーは、全体的には、まだ政治家になり切っていないと思うのですが、内容は次第しだいに整いつつあります。

私たちが本や講演等で主張している内容は、民主党や自民党などの既成政党から、その他、さまざまな新しい動きをしている政党までが流用し、リソースフルに数多く使われています。それほど、幸福実現党は次から次へと新しいアイデアを出している政党です。今まで、これほどの短期間に、これだけ数多くの政策を打ち出している政党も少ないのではないかと思います。

何よりも大きな特徴は、「国家ビジョン」や「長期ビジョン」を持って活動している点です。

そのため、「目先のポピュリズムに走らない」というところは大きいでしょう。そういうことは、他の政党がすることでしょうし、私たちには、むしろ、「人気取りではないこと」を平気で言う面があります。

政治家として、たとえ人気は出なくとも、言っておかなければならないことはあります。それはやはり、不退転の気持ちでなければできません。

ただ、職業として一政治家をしている人の場合、「落選すれば『ただの人』になってしまう」という弱みもあります。

その点、幸福実現党は、「宗教政党である」ということが、ある意味での強みとなっています。落選しても、「ただの人」ではなく、宗教家です。また、当選しても宗教家です。宗教家であることに変わりはないのです。

今のところ、国から給料をもらっているわけではありませんので、何ら恥じることなく、正論を言うことができます。また、もちろん、公務員でもないため、「憲法遵守義務」（日本国憲法第九十九条）はなく、憲法改正について堂々と論陣を張ることができます。

したがって、私は、「幸福実現党は、この三年間で、多少なりとも、世の中にインパクトを与えることができたのではないか」と自負しているのです。

2　「国難選挙」から三年目の現実

独裁国家の一機関のように報道制限している日本のマスコミ

私たちは、この三年間に、マスコミの陰湿（いんしつ）な戦い方として、「報道しない」という手段があることを学びました。

しかし、「政府にとって都合の悪いことは報道しない」というところがあるとするならば、はっきり言って、それは「独裁国家」です。

現在、中国や北朝鮮（きたちょうせん）、その他、軍事独裁的な国家においては、政府にとって〝有害〟な情報、政府に反対するような情報は、だいたい流さないようにしていますが、日本のマスコミも、気分的には「政府の一機関」になっているようです。

もちろん、一部には違うところもありますが、全体的に、そのような傾向があります。

今朝、たまたま、自分のことを政府機関と思っているらしい某左翼新聞を見たところ、「沖縄復帰40年・日米安保60年。」「普天間基地はなくせる。米海兵隊は撤退を。」という意見広告が出ていました。

そこには、「変えよう！　軍隊・核抑止力、原発に頼らない日本へ。」「『日米合意破綻』！　アメリカ議会からも、辺野古不可能の声　いまこそ行動を！」などと書いてあります。

さらに、「この運動はいかなる政党・政治団体にも属さない市民運動です。」と書いてありましたが、これは嘘でしょう。〝黒幕〟がいるのは明白でしょうが、公称八百万部の全国紙に、沖縄米軍基地の閉鎖を求める意見広告が堂々と載っているのです。

一方、数日前には、中日新聞が意見広告の掲載を拒否して問題になりました。これは、河村たかし名古屋市長の「南京事件の内容について、真実はどうだったか、議論しようではないか」という発言（二〇一二年二月）を応援する意見広告です。中日新聞は東京新聞と経営母体が同じであり、会社の方針が左翼であるため、掲載を拒否したわけです。

マスコミには、このような取捨選択をしながら、世論を誘導しているところがあるのです。

在日米軍を撤退させるなら、代わりに「自主防衛体制の確立」が必要

沖縄の米軍基地問題について、私は、「もし、米海兵隊が撤退するなら、それでも構わない」と思っています。撤退する代わりに、自主防衛をキチッとできるのであれば、それでも別に構わないとは思います。

ただ、今のところ、憲法改正をしなければ、そのようなことには十分に対応できない状況であるために、「日米同盟に基づく国防は非常に大事である」と申し上げているわけです。

独立国家として、単独で自分の国を守れるならば、それはそれで言うことはありませんが、現状では、守れないことは明らかです。

例えば、「核弾頭を搭載した中国の弾道ミサイルが、二百基ほど日本の諸都市に向いている」とも言われていますが、それが撃たれれば、十分以内で日本の主要都市は壊滅します。日本のなかでも、特に、高所得者層や地位の高い層、知識人層の多い都市部で働いている人たちは、ほとんど全滅です。山奥に籠もっている人だけは、クマと一緒に生き残るかもしれませんが、都市部は、ほぼ壊滅状態になるはずです。

しかし、わずか十分か二十分で、中国が日本を壊滅させられる状況にあるにもかかわらず、ミサイルを撃てない理由は、今、アメリカと日本に同盟関係があり、在日米軍基地が存在しているからです。つまり、日本を攻撃しても、米軍から即座に反撃されることが分かっているため、それができないのです。

したがって、米軍が日本から撤退するのは結構ですが、「では、それに代わるだけの戦力を国が持っているのか。国は交戦権を持っているのか」ということが問われるわけです。

日本国憲法の第九条（第二項後段）によれば、「国の交戦権は、これを認めない」と書いてあります。これに対し、現状では、「自然権としての『抵抗権』や『自衛権』まで否定されているわけでない」というような、解釈上の〝改憲〟によって、何とか生き延びている状態です。

また、現在、「自衛隊法」に基づいて自衛隊がありますが、憲法には、「この憲法は、国の最高法規であつて、その条規に反する法律、命令、詔勅及び国務に関するその他の行為の全部又は一部は、その効力を有しない」（第九十八条）と明記されていますので、自衛隊の存在は、「半分は公認され、半分は公認されていない」というような状態です。

災難救助のみ評価され、国防面は不十分な自衛隊

自衛隊についての報道は、ほとんどが災害時の活動に関するもの程度であり、どちらかと言えば、「自衛隊」というよりも「災難救助隊」になっています。すなわち、「災難救助の部分だけは理解されている」ということでしょう。「東日本大震災のときに活躍した」ということで、ある程度の評価はされているようです。ただ、災難救助隊として、あるいは、土木作業員代わりとして評価されていたとしても、「国を守る」という点では、まだ、評価が十分になされているとは言えません。

先の阪神・淡路大震災のときには、兵庫県知事が左翼系だったために、当初、自衛隊が救援に入ることさえ拒否されたとも言われています。知事の許可がないので自衛隊が入れなかったわけです。そして、日本は、米軍からも「空母を送って救援したい」という申し出があったのに、これも拒否したのです。

一方、今回の東日本大震災では、自衛隊が十万人も投入されましたし、米軍も「トモダチ作戦」を決行し、空母まで派遣して救援活動に当たりました。

ただ、この空母については、実際には、「中国の海洋進出や北朝鮮問題等に備え、米韓合同軍事演習をする予定で近海まで来ていたところ、震災が発生したため、すぐに救援活動に回ることができた」という事情があったようです。

いずれにせよ、阪神・淡路大震災のときよりは進んだと思いますが、まだ十分ではありません。

「中国軍拡」と「反原発」で危機を迎える日本のエネルギー問題

先ごろ（二〇一二年四月十三日）、北朝鮮で弾道ミサイルの発射実験がありました。今回は、二百キロ近く飛ばす予定でしたが、失敗に終わったようです。しかし、ホッとしていてはいけません。

幸福実現党が立党した二〇〇九年の春には、すでに、ミサイルが日本列島を飛び越えて、太平洋に落ちるところまで行っていますので、毎年毎年、発射練習をしている状態を放置すれば、着々と進化していき、完成に近づいていくのは間違いありません。

このあたりの交渉については、もちろん、「アメとムチ」で言えば、外交や経済的取引等の〝アメ〟を使った交渉もあるとは思いますが、相手が圧倒的に不利な状況にあるときに、そこに付け込まずにいられるのは聖人君子だけです。「道徳」ないし「宗教的信念」を持っている国では、そういうことをしないかもしれませんが、宗教等を持たない国に対しては信用することができません。唯物論的には、得るべきものを得られればそれでよいわけですから、繁栄も、「この世的な繁栄だけ存在すればよい」ということになります。

最近の原発騒動において反対運動をしている人たちは、一見、平和主義者のようにも見えますが、ある意味、そういう人たちの主体が唯物論者で、「この世だけしかない」と思っているような面が感じられなくもありません。そのため、彼らは、「身体への被害」のようなものを最も怖がっているといいますか、それがすべてであるかのように思っているようです。

そうであるならば、「今、戦争の可能性が高まりつつある」という問題があることを、彼らも知らなければならないと思うのです。

「過去、数十年前の反省に基づき」などと言うことも結構ですが、「日本軍は南京で三十万人も殺した」と非難する国が、「チベットを侵略したときには、僧侶以下、百二十万人を殺した」とも言われている（チベット亡命政府発表）ので、「人様のことを言えた義理ではないのではないか」と思います。

今、中国が、台湾および沖縄、尖閣諸島等の併合を、虎視眈々と狙っていることは分かっています。いわゆる「第一列島線」（九州・沖縄から台湾、フィリピン、インドネシアに至るライン）付近は、全部、中国が狙っていて、今は、南沙諸島や西沙諸島をめぐり、フィリピンやベトナムと牽制し合い、膠着状態に陥っています。

現在、そのような国際情勢のなかで、「米軍基地を撤去せよ」というような意見広告を載せている新聞もあるわけですが、それが意味することは明らかです。まずは、「台湾が中国に吸収される」ということ、それから、「沖縄が危なくなる」ということ、さらに、「沖縄から九州にかけて、危険度が増してくる」とい

「第一列島線」および「第二列島線」

「第一列島線」は、九州・沖縄から台湾、フィリピン、インドネシアに至るライン。「第二列島線」は、伊豆諸島からサイパン、グアム、パプアニューギニアに至るラインを指す。

うことです。

この一帯のシーレーン（海上交通路）が中国に押さえられると、もはや、中東からの石油タンカーのルートも確保できなくなるのです。

そのように、石油が入ってこなくなるおそれがある状況で「原発廃止」を決めると、どうなるでしょうか。エネルギーがなくなったら、日本の産業は動かなくなり、基本的に、「ろうそく生活」に戻らなければならなくなります。反対派の人々がそこまで考えて主張しているのかどうかを知りたいところです。

「日本の歴史的評価」を正しく認識し、「世界のリーダー」を目指せ

今までに日本がつくってきたもの全体を評価した場合、必ずしも百点満点ではないかもしれませんが、私は、「『日本という国が、この地球上に存在し、少なくとも二千年、あるいはそれ以上の歴史を有している』ということは、ありがたい

ことである。日本は、地球の一角を照らす存在だった」と思っています。また、過去の文化においても、世界の最高水準まで行っていた時期が何度かありましたし、世界史的にも、誇るべきものが数多くあると思います。

そして、「現在の日本もまた、そうである」と思っています。

日本は、「第二次大戦後、まったくの焼け野原、廃墟になったところから立ち上がり、世界最高水準まで経済成長を遂げた」という、〝戦後の奇跡〟を起こしました。このことが、「アジアやアフリカ、あるいは南米の国々などに、どれほどの勇気を与えたか」を考えると、そこには計り知れないものがあります。そのような国々に対し、「戦争で敗れても、また甦ってくる力がある」ということをお見せできたところも、大きな文化的遺産であると思うのです。

それから、ヨーロッパに侵略され、何百年にもわたって植民地化されてきた、アジアやアフリカの国々にとっての刷り込み、すなわち、「有色人種は、絶対に白色人種には勝てない」といった考えを徹底的に叩き潰し、「人間の値打ちは肌の色によって変わるものではないのだ」ということも示しました。

さらに、その日本に、今、幸福の科学という宗教が起き、世界を引っ張っていこうとして、新たな発信をしています。

もちろん、これは、先の大戦を、すべて完全に美化するものではありません。戦前の国粋主義的なもののなかには非常に排他的な部分もあり、日本は、他の世界宗教をはじめ、さまざまな新興宗教等を弾圧したり、思想の取り締まりを厳しく行ったりするなど、そうとう教条主義的な国になっていたと思います。

戦前には、政治面において、現在の中国や北朝鮮とよく似た状況があったので、そのようなところは改めなければいけませんし、私たちは、単に、「明治以降、第二次大戦前までの興隆を取り戻し、それを続けたい」と考えているわけでもありません。そうではなく、「新しい国づくり」を通し、「世界のリーダー」としての日本のあるべき姿をつくりたいのです。

幸福実現党が目指す「信教の自由」は戦前の国家神道型とは違う

私が提唱する新憲法の草案には、第二条に「信教の自由は、何人に対してもこれを保障する」と書いてあります（『新・日本国憲法 試案』参照）。宗教に関しては、「『信教の自由』の下、自由マーケット、自由市場のなかで、フェアに競争しましょう」ということを、あえて述べているわけです。第一条に「エル・カンターレ信仰以外は認めない」とは書いていません。「信教の自由」を保障し、「ほかの宗教も認める」と書いてあるのです。

これは、戦前の国家神道型、要するに、「宗教と政治が合体すると、どれほど怖いか」と占領軍が感じたようなスタイルとは、まったく違うことを意味しています。そのことを知ってください。すなわち、ほかの宗教も認めているわけです。

ただ、「市場において自由競争をした結果、メジャーな宗教が出てくることは、やむをえないだろう」とは考えています。

例えば、アメリカの場合、はっきりと国教が決まっているわけではありませんが、プロテスタントが優勢であり、歴代大統領も、ケネディがカトリックだった以外は、プロテスタントの大統領ばかりです。もっとも、今回、共和党から出てきたロムニー候補によって、「モルモン教徒が大統領になれるかどうか」という一つの争点が出てきているところではあります。

このように、アメリカでは、キリスト教精神がバックボーンになってはいますが、「一つの宗教でなければいけない」ということはなく、「信教の自由」そのものはあるわけです。

これに対し、「宗教そのものが悪だ」といった弾圧をするような国を見るかぎり、よい所など、どこにもありません。

いくら中国を擁護したとしても、最近、盲目の人権活動家・陳光誠氏が命からがら逃げていく姿を、みなさんもテレビや新聞等で見たばかりでしょう（二〇一二年四月、中国当局の監視下に置かれていた自宅から脱出）。これは、「中国ほどの大国がするべきことかどうか」という、実に残念な状態です。ましてや、一般庶民は、どれほどまで、思想・信条の弾圧をされているのでしょうか。

やはり、「『信教の自由』のないところには、基本的に、『良心の自由』もないのだ」ということを知っておいたほうがよいと思います。

日本の政治状況がだらしないように見えるのは、ある意味で、「多元的な価値観や意見を受け入れているためである」とも言えます。そのため、独裁国家のように、物事がスムーズに進まない面があることは事実でしょう。

私たちが正しい主張をしているつもりであっても、「その主張が、国民の一、二パーセント程度までしか認められていない」というような現実もあります。しかし、それによって迫害(はくがい)されたり殺されたりするわけではありません。

また、支持を得られなかったことに対し、私たちは、どこかの宗教のように、「東京上空からサリンをばら撒(ま)きたい」と思うようなこともありません。

「それは、自らの努力不足、啓蒙(けいもう)の不足である」と考え、末永く、粘(ねば)り強く活動を続けることによって、人々を変えていくことこそ、真の道であると思っています。あくまで、「みなさまからの支持を得られないのは、私たちの努力がまだまだ足りないからである。しかし、その主張が正しいことは、いずれ分かってくださる」と考えているのです。

3　世界のリーダーとしての「日本」をつくるために

幸福実現党は、より多くの人々に受け入れられるための努力を

このたび、幸福の科学の「ユートピア活動推進館」が落慶したことにより、政党としての本拠地も決まり、国会議事堂までの距離も近くなりました。初心を貫き、粘り強く、頑張って戦っていきたいと思っています。

立木党首も粘っています。たとえ、彼が〝死した〟としても、その次も、次も、次も、次も、次も、次も出てきます。何人、〝銃殺刑〟に遭おうとも、次の党首を出し、戦いをやめません。私は、「できない」ということに納得はしません。

「幸福実現党は、すでに政党のかたちはできている」と思います。政治に関す

る活動がやや遅く見えているところには、やはり、宗教に対する偏見も影響しているでしょう。

その一つは、憲法の「政教分離規定」に関し、「宗教の応援をしてはいけない」というようにマスコミが思っていることです。もう一つは、長らく、教育現場から宗教を追い出してきたことです。

そうしたものの累積が、宗教政党が受け入れられる上での障害になっていると思うのです。この部分まで含めた思想的啓蒙をしていかなければならないため、「最終的には、『国民的啓蒙運動』まで持っていかなければ勝てない」と、私は考えています。

とにかく、現時点では、「時間をかけて分かってもらう。いろいろなかたちで知ってもらう」ということが大事です。

そのためには、幸福実現党を支持する人々、あるいは、幸福実現党から立候補する人々は、とにかく、いろいろなかたちで知られなければなりません。自分たちの存在や名前、活動内容、政策などについて、いろいろなかたちで知られることが大事です。

また、政党の人には、時間をつくって、演技練習や発声練習、歌の練習など、「人に見られる職業」としての練習もしていただきたいと思っています。

アメリカには、俳優としては一流でなくとも、大統領を演じたら一流になった人もいますし、俳優として一流で、知事としても、そこそこ名をなした人もいます。

政治家としては、自分の考えを人に伝えたり、自分の存在を伝えたりすることも大事な仕事です。そうした訓練を積んでいかなければならないと考えています。

日本で最大規模の圧力団体となった幸福実現党

幸福実現党を支持する力はまだ弱いかもしれません。それでも、日本の圧力団体としては、すでに最大規模になっています。

政治を動かしているのは数多くの圧力団体です。例えば、「日本医師会」や「全国郵便局長会」、あるいは、「日教組」のような教員組合など、さまざまな圧力団体が政治に影響を与え、なかには、代表者を政党へ送っている場合もあります。圧力団体としては、当会も最大級のものの一つです。

しかし、そうした圧力団体であっても、政党をつくるところまでは、なかなかできないのです。

伝統的な宗教で、「一千万人以上の信者がいる」と公称しているようなところでも、代表者を二大政党の比例区から出させてもらい、票を集めて一名当選を狙う程度です。「信者数一千万人以上の宗教」などと言っていても、既成政党のなかへ放り込んでもらって、一名を通すぐらいのことしかできていません。したがって、政治的な影響力はほとんどなく、政党の集票に協力している程度のものと思われます。

一方、われわれは、実現したい内容があって活動しています。この違いを知っていただきたいと思います。

そういう意味で、一定の勢力を得るまでには時間がかかるかもしれませんが、内部的には、圧力団体から政党に変わるだけの、内容的、質的な変化を促す要素は持っていると考えています。

また、間接的な影響力ではありますが、私の発言が、さまざまなマスコミのニュース源、報道姿勢の源流になりつつあります。つまり、マスコミも、最終的には、「大川隆法はこう言っている。だから、未来はこちらに動く」と見て、さまざまなことを組み立てていくようになっているのです。判断に迷った場合には、こちらを見て考えるようになりつつあるので、次第にそのようになってくると、私は考えています。

三年前から国防の危機を警告し、正論を訴えた幸福実現党

さらに、当会が政治的に目指すべきこととしては、「予言者としての使命」があります。これは宗教家としての面でもあります。

当会には、「政治を含んだ宗教」という面がありますが、これは当然のことです。なぜなら、多くの人数を束ねると、当然、政治性が出てくるのです。私は、天上界で数多くの民族や宗教をまとめている以上、当然ながら、政治性も持っているのです。そうした多元的なものをまとめる力がなければ、この使命を果たすことはできません。

そのようなわけで、宗教家として、現在の国際情勢を見るかぎり、やはり、「国防の危機が迫っている」と考えています。本年公開の映画「ファイナル・ジャッジメント」と「神秘の法」（製作総指揮・大川隆法。二〇一二年十月六日から全国公開）は、そうした危機に対する警告映画なのです。

二〇〇九年の衆議院議員選挙のとき、私は、街宣で、「これは、『自民党か民主党か』という政権選択の選挙ではなくて、国難選挙なのだ」と訴えました。

しかし、国防の危機が迫っているにもかかわらず、二大政党とも、その問題にはまったく触れず、意見を言っていませんでした。その結果、のちに、国防にかかわる外交問題ばかりが出てきているのです。

彼らは、選挙に勝つことだけを考え、外交問題からうまく逃げていました。当時、幸福実現党の言っていたことは正論だったはずです。

今、私たちは、「もう一段の国難がやってくる」と訴えています。リスクを背負って言っています。そうである以上、それは、近づいてくるものだと思ってください。ただ、まだ現実化していないものについては、未来を変える余地があるわけです。

日本が、「自分を守る」という気概を示したならば、それは、一定以上の効果を上げることになるでしょう。また、その自主防衛の気概は、おそらく、日本が国連常任理事国入りをする流れと一つになってくるだろうと思います。

「経済成長」によって税収難や社会福祉の問題も解決できる

それから、今、考え方を間違えてはいけないのは、「日本の経済成長は、まだ終わりではない。もう一段の発展が必要である」ということです。

一九八九年末、三重野康氏が日銀総裁に就任し、バブル潰しが行われて以降、日本経済は停滞を続けていますが、二十年間も停滞させるのは難しいことです。

並の人間にできることではありません。これは、そうとうなものです。

先日、三重野氏の霊言を収録したところ、三重野氏は「地獄の赤鬼」であることが明らかになりました（五月一日収録。『平成の鬼平へのファイナル・ジャッジメント』〔幸福実現党刊〕参照）。

ちなみに、「普天間基地はなくせる」という広告を出した前述の新聞に、今朝、日銀の現総裁である白川方明氏のインタビューが載っていましたが、〝赤鬼〟によると、「彼は白鬼だ」ということです。

〝赤鬼さん〟の申し送り事項としては、「日銀の仕事に、『物価の安定と経済成長のどちらを取るか』というような問題はない。仕事は物価の安定しかないのだ」ということでしたが、今朝の新聞のインタビューでも、〝白鬼さん〟が物価の安定について述べていました。

このように、日銀は、いまだに物価の安定ばかりを言っているわけですが、結局、「経済成長」ということの意味がよく分かっていないのです。「それは民間が頑張ることだから、日銀は関係ない」と思っているらしいのです。

しかし、経済成長は大事なことです。経済成長をすることによって、今、国が悩んでいる税金の増収も可能になるのです。

経済成長をすれば、民間も力を持ってきます。会社は立ち直り、黒字化し、新たな雇用を生んで、失業者も減ります。失業者が減れば、彼らにお金をばら撒く必要もなくなります。また、お金を支出できる人たちも増えてきます。そうすれば、消費が増え、経済が活性化していくのです。だから、経済成長は必要なのです。

それによって、税率を上げなくても、増収・増益体制に持っていくことはできます。

また、政府は、「社会福祉のために増税が必要だ」と言っていますが、実は、経済成長をすることで、その問題も吸収されていきます。つまり、人々が豊かになっていくことで、社会福祉の必要もなくなってくるわけです。個人においても、自分の生活のかなりの部分をカバーできるようになりますし、企業においても、社員を守るだけの力が出てくるのです。

したがって、国の力が大きくなる方向を選んでいくことは、必ずしも正しくありません。国の力があまりなくても、うまく回っていく社会をつくることこそ、大事な仕事なのです。

しかし、今の民主党政権は、企業を国営化することがとてもお好きなようです。最近では、ＪＡＬや東京電力が、実質的に国営化されていますが（説法当時）、このように、民間企業を国営化しては、国の資金を投入し、支配しようとしています。

これは、社会主義国家が行ったことと同様のことをしようとしているわけですが、なるべく、国が介入しなくても、世の中がうまくいくような方向を考えていただきたいと思います。

要するに、「経済成長を考えずに増税だけを考える」ということは愚の骨頂なのです。経済成長なくして、単なる歳出の削減だけを行うと、ヨーロッパと同じようなことが起きます。それは、不況を呼び、失業者を増やし、政権を不安定にして、国家全体を弱らせていくことになるのです。

無駄な支出を削らなければならないのは当然のことですが、それと同時に、必要な投資をやめてはなりませんし、経済成長につながるものについては、積極的に取り組んでいく必要があるのです。

日銀は、「『通貨の流通量以上の国債を引き受けてはならない』という不文律がある」などと言っていますが、何のことはありません。それは、通貨の供給量を増やせばよいだけのことです。要するに、自分で自分を縛っているだけの話なのです。

私は、「日銀が紙幣を発行しないなら、三大メガバンクで紙幣を刷っても構わない」と述べています（『日本の繁栄は、絶対に揺るがない』〔幸福の科学出版刊〕他参照）。

結局、市中に出回るお金が少なければ意味がありません。日銀が通貨の供給量を調整しているつもりでも、実際には動いていないわけです。

ともあれ、「この国はまだまだ成長する。まずは、現在の二倍は成長をさせるつもりで、政策を立てなければいけない」と申し上げておきたいと思います。

私たちは、宗教および宗教政党の立場ではありますが、当然、なすべきことはありますし、「その内容を備えている」と考えています。

どうか、末永くご支援くださいますよう、お願い申し上げます。

第2章

宗教立国の実現〔質疑応答〕

2012年5月13日　東京都・幸福の科学ユートピア活動推進館にて

1　世界の国々と政治的関係を築くポイント

【質問】

今後、世界の国々で、幸福実現党が立党し、その国の国政を担(にな)うようになると、幸福実現党が国際的ネットワークでつながるようになると思います。

ただ、政治においては、やはり、その国の国益を優先(ゆうせん)する観点から、物事を判断することが多いのではないでしょうか。

幸福実現党が、世界の国々と交流しながら政治的関係を築いていく上で、重要になるポイントがありましたら、お教えください。

宗教活動に続いて、政治運動も各国に伝播していく

今のご質問は、「国家は、それぞれの国益を追求しているが、将来、幸福実現党的なものが各国にできるとして、それらは一元的な方向に行くのか。また、それらが自国の国益を守ろうとして、バラバラに動き、互いに衝突した場合、どうすればよいのか」というような主旨と考えてよいでしょうか。

現時点では、政治活動としては、まだ海外まで伝播しておりません。教育事業のほうでも、「幸福の科学学園を海外にも建てたい」という話が出ていますが、それは、まだ夢の段階であって、現実的な動きは一部でしか始まっていません。政治活動のほうも、それと同じような状況なので、ご質問に対しては、まだ多くを語ることはできないでしょう。

私としては、まず国内を固めたいと思いますが、海外で、信者が一定の数以上

増えれば、当会の考え方を取り入れた政党が立つことはあると思います。

特にアジアやアフリカでは、その可能性は高いと思っています。例えば、信者が急増しているインドやウガンダなどでは、そうした政党が立ち上がる可能性は十分にあるでしょう。

こうしたことは、発展過程で次第しだいに起きてくることだと考えていますが、まずは伝道というか、宗教的な伝播のほうが必要です。

当会は、インドなどでは、信者がかなり増えているので、今後は、海外のほうで有名になってくることが多いと思われます。

また、二〇一二年六月に公開した映画「ファイナル・ジャッジメント」では、主演女優じょゆうとして、スリランカの女優を起用したので、スリランカでも、この映画は話題になり、当会のシェアがまた一段と広がるでしょう。

こうした宗教活動に続いて、政治的な運動も、いろいろな国に伝播していくものと考えています。

一定の防衛力を持ちつつ、考えが共通する国々との連携を

当会の教えには繁栄の思想が入っているので、経済的に後塵を拝している国々には、「幸福の科学の教えを取り入れたら、国が発展するのではないか」と期待している向きがかなりあります。

国による事情はそれぞれ違うでしょうが、当会の教えで取り入れられるところは、取り入れていってもらいたいと思っています。

それから、当会には、過去の仏教との違いがあります。すなわち、「原始仏教的な考え方があまりに強すぎると、占領欲を持っている強欲な国とぶつかった場合、あっという間に、国を取られてしまう」ということが現実に起きているため、私は、「教えを少し改変しなければいけない」と考えているのです。

例えば、チベットやウイグルなどは、以前は独立国としての体をなしていましたが、今では、国を丸ごと取られ、軍事独裁政権による圧政の下、人々はものすごく苦しんでいます。こうした国では、ある程度、「解放のための戦争」はありうるでしょう。

仏教精神等の宗教精神を持っていて、かつ、国民に自由と繁栄が許されているような国家には、やはり、守るだけの価値があります。

したがって、私は、「そういう国が、一定の防衛力を持ち、自国を守ろうとすることは悪ではない。むしろ、当然の権利である」と考えているのです。

そのなかで、「仲間を増やしていく」というか、「自分たちと考えが共通する国々と連携していき、共同で、ある程度のネットワークをつくっていく」ということが大事ではないでしょうか。

世界全体をまとめるのは、そう簡単なことではありませんが、「それぞれの地域に、模範的なリーダー国家をつくり、周りの国々は、そのリーダー国家に指導されつつ、レベルを上げていく。あるいは、あまりにひどいことをしている国家は、そのリーダー国家の指導の下、「それを直していく」ということが大事であると思います。

そういうことが、考え方の中心にあるべきでしょう。

〝攘夷運動〟をしている中国と北朝鮮に〝開国〟を迫るべきだ

私は、決して戦争が好きではありません。「戦争をなくし、人類が平和に住めるようになることが望ましい」と思っていますが、世界の歴史を見るかぎり、どうしても、「戦争と戦争の間が平和である」という定義にならざるをえないのです。

そのため、現時点では、「完全に戦争がない状態をつくるのは、まだ厳しいかな」と思っています。

特に問題なのは、「中国・北朝鮮」対「自由主義圏」の最後の冷戦です。

中国に関しては、経済面では、すでに折伏は終わってきつつあり、あとは、政治面の問題のみが残っています。これに早く引導を渡さなければいけません。「政治と経済の分離は、いつまでも続かない」ということを教えてあげなければいけないのです。

要するに、中国や北朝鮮に対し、「攘夷ではなく、開国せよ」と迫らなければならないわけです。彼らは、経済的には違うのですが、政治的には攘夷運動をしているので、この部分を開国させなければいけないのです。

中東問題に宗教思想の側からもアプローチをかけていきたい

また、イスラム圏とイスラエルの対立も、大きな問題です。

私は、今年の春、イラン大統領とイスラエル首相の守護霊の霊言を収録し、『イラン大統領vs.イスラエル首相』（幸福実現党刊）という本を出しましたが、同書を読んでも分かるとおり、両国のトップは、互いにまったく譲らずにいます。そういう状態が長らく続いているため、何らかの仲裁をしなければいけないでしょう。私も、宗教思想の側からアプローチをかけていきたいと思っています。

例えば、「『ムハンマド（マホメット）が霊示を受けた』とか、『モーセや古代ユダヤの預言者が霊示を受けた』とか言うのは旧いですよ。モーセは三千年も前の人です。ムハンマドは一千四百年前の人です。神は、それから、ずっと眠っているわけではありません。現代に合わせた意見をきちんと持っているのです」というようなことが伝わることによって、彼らを同じ方向に導いていくことができるでしょう。

両者とも、時間が、それぞれ三千年前と千四百年前の古代で止まっており、そこに時差があるために、ぶつかり合っているわけです。しかし、現在、モーセやムハンマドが生きていれば、当然、調整をかけるはずです。その調整をかける役が、実は私です。私の思想が、両者を調整していくのです。

さらに、「イスラムの解放、自由化」を進めなければいけません。イスラム圏の問題点は、人権思想がそうとう薄く、人権抑圧的であることです。

したがって、私は、イスラムの解放を行うと同時に、「イスラムと西側との対立が、決定的な最終戦争につながらないように持っていきたい」と思っています。

国際国家として「悪の増長は許さない」という強い姿勢を持て

現在、最後の冷戦である共産圏との戦いに関しては、本や映画などを通じ、「唯物論・無神論は間違っている」ということを伝え、思想戦として、啓蒙活動として、当然やるべきことを行っています。

ただ、一つの決意としては、「彼らに悪を犯させない」という強い姿勢も要ると思うのです。

つまり、「神の愛していない国家体制が、全世界を覆うことは許さない」ということです。「悪の増長は許さない」というところで、毅然とした一線を引かなければいけません。

「軍隊や核兵器は、それがアメリカのものであろうと、ロシアのものであろうと、中国のものであろうと、どれも悪である」という考えもあるかもしれません。

しかし、「人類の共通遺産としての智慧」には、「正義」というものがあるので、軍隊や核兵器についても、やはり、「国際的に正義と認められるかどうか」ということが検討されるべきです。

そして、「『こういうかたちや考え方が正義である』という標準ができたならば、それに従う」というのが、国際国家としてのあり方だと思うのです。

日本は、先の大戦で原爆を二回落とされたため、国民には、「当然、核兵器は嫌だし、原子力発電も嫌だ」という核アレルギーがあります。

もちろん、それでも結構ですが、考え方を変えれば、「核兵器で二十万人以上が殺された国であるからこそ、もし、この地球上に、『核武装することを神から許される国家』があるとすれば、それは日本しかない」という考えもあるわけです。

このように、たまには、逆のことも言って、核兵器や軍隊などに対するアレルギーを薄めなければいけないかもしれません。

今、日本は、アメリカと友達になっているので、アメリカの核は、日本にとって、何らの脅威でもありません。

一方、中国や北朝鮮の核も、冷戦が終わり、きちんと政治的に話し合えるような状況になれば、日本にとって有害なものではなくなると思いますが、現時点では、まだ大きな脅威です。

したがって、日本としては、「いざというときには自主防衛をする」という考え方を残しておかなければいけないでしょう。

「自主防衛」というのは仏陀時代の原始仏教にはなかった考え方ですが、今回、私は、こうしたことを説いておきたいと思います。

最終的には、やはり、人類が全体的に発展・繁栄する方向に導いていくことが大事であり、「悪の増長は許さない」ということを、はっきりさせなければいけません。平和というものを、悪に黙って支配されることのように捉えてはならないのです。

この「悪の増長は許さない」という考え方は仏教のなかにもあるものです。「善を推し進め、悪を押しとどめる」というのは、仏教の基本的な考え方なのです。

中国や北朝鮮を「亡命者が出ない自由の国」に変えていこう

基本的に、「亡命を求める人が大勢出てくるような国家は、悪い国家である」と考えなければいけません。つまり、「亡命を求める人が大勢出てくるようであれば、その国では、怪しい国家運営がなされている」と考えてよいのです。

例えば、ミャンマーは、アウンサンスーチー氏という民主化運動の指導者を二十年も軟禁していましたが、これなどは、本当にでたらめな国家運営と言わざるをえません。こうしたものはなくさなければいけないのです。

私は、常々、「自由の大国をつくれ」と説いていますが、自由というのは、本当に大事な価値です。自由なくして平等だけを求めると、強力かつ強大な国家権力によって、自由が簡単に押しつぶされてしまうことがあるので、「自由の確保」は大事なのです。

そして、自由のもとになるのは信仰です。信教の自由がなければ、言論の自由も出版の自由も、何一つ守ることはできません。信教の自由とは、神仏が「人間の尊厳」を守ろうとしておられる部分に当たる、最も大事なものなのです。

中国等には、そういうことを教えなければいけません。少なくとも、中国国内では、こうしたことを述べるだけでも、十分、思想犯になるような状態ですが、そうした状況は解消していきたいと思います。

例えば、映画「ファイナル・ジャッジメント」を上映して、「こういう国はよくない。改めなければいけないな」ということが議論できるような国になれば、中国も、よい国になったと言えるでしょう。そこまで、持っていかなければいけないのです。

やはり、「利益や売り上げだけ上がればよい」というような、さもしい心では駄目です。中国にも、思想的な高みをつくり、人々を啓蒙していかなければいけません。

そのためには、いろいろな手段がありうるでしょうが、最終的には、人類が平和裡に発展する方向を目指したいと思いますし、「悪の増長は許さない」という一点は、きちっと守りたいと考えています。

2 日本が国際政治の舞台で活躍するために

【質問】

法話（本書第１章）のなかで、「日本は国連の常任理事国になるべきだ」というお話がありましたが、現在の国連、特に安全保障理事会は、あまり機能を果たしていないのではないかと思われます。

イスラエルの問題や中東問題などを解決していくに当たっては、国連改革が不可欠だと思うのですが、今後、日本は、国際政治の舞台で、どのような役割を果たしていくべきでしょうか。

「自虐史観」が日本の国連常任理事国入りを阻んでいる

私は、「客観的に見て、日本が国連の常任理事国入りをするのは当然である」と考えています。

それを阻んでいるものは、自虐史観、すなわち、自分たちの国を「悪なる国家だ」と見るような歴史観です。

反省には美しいところがありますが、反省も、度が過ぎると、いわゆるマゾになり、人に迷惑をかけてしまいます。あまりに自虐的な人は、周りの人を引きずり込むため、扱いに手がかかるわけです。

したがって、正当な自己像を持つことが大事です。

日本は、長年、国連の分担金を世界で二番目に多く負担してきましたが、その国に発言力がないのは、やはり、おかしいことです。

中国や韓国は、日本の常任理事国入りを引っ込めさせるために、南京事件や従軍慰安婦などを、一生懸命、持ち出してきては、「日本人はいかに非人道的な人種か」ということを言っているのでしょう。

しかし、なぜ、彼らは、日本だけを糾弾し、ヨーロッパが何百年間も植民地支配を行ったことについて糾弾しようとしないのでしょうか。

例えば、ヨーロッパは、アフリカを植民地支配し、黒人を奴隷にしていました。日本の場合、そこまではしていませんが、ヨーロッパは、人身売買としての奴隷貿易を堂々と行っていたのです。それは、かつてのアメリカ合衆国もそうです。当時の欧米人たちは、有色人種を猿の仲間と見ており、仏性や神性があるとは思っていなかったのです。

ところが、「そうした国々が正式に謝罪をした」という話は特に聞いたことがありません。そのように考えると、「日本人は、ちょっと反省の度が過ぎているのではないか」と思います。

もちろん、戦争行為においては、非人道的なことがいろいろと起きるだろうと思いますが、日本は、少なくとも、ナチスがガス室で六百万人も殺したようなことはしていません。

また、中国は、「日本軍は南京で三十万人を虐殺した」と主張していますが、三十万人も殺せるものではありません。それは、原爆を三個ぐらい落とさなければできないことです。当時の日本軍の武装から見て、原爆三個分に相当する人を殺すのは無理な話です。

いわゆる南京事件に関しては、「日本軍将校二人が、どちらが早く日本刀で百人斬れるかを競争した」（百人斬り競争）とも言われていますが、そもそも、日本刀で百人も斬れません。刀が曲がったり、刃こぼれしたりするので、無理なのです。

中国は、こうした誇張した話が好きな国のようですが、「事実に基づかないことでもって、相手に罪悪感を与え、正論を言わせないようにする」ということの背後には、やはり、何か後ろめたいことがあるのだと思います。自分たちの側に何か隠蔽したいものがあり、そこを糾弾されると困るので、そういうことをしているのでしょう。

ディベートするカルチャーをつくり、外国に言い返す努力を

「中国や北朝鮮のような半専制国家、あるいは専制国家は、本当は銃弾を一発も使わなくとも解放できる」と私は考えています。

つまり、単に「自由」を与えればよいのです。政治的発言の自由、行動の自由、言論の自由、信教の自由などを国民に与えてしまえば、体制は完全に崩壊するはずです。

今は、報道の自由もなければ、言論・出版の自由も、集会・結社の自由も、信教の自由も本当はないはずです。すべて、当局の監視下に置かれています。ですから、国民に自由を与えさえすれば、体制は崩壊してしまうのです。

武器は何も要りません。核兵器を使わなくても、崩壊させられるのです。必要なことは、彼らに事実を知らせること、あるいは、事実を発表してよい国に変えさせていくことです。そのようにすればよいのです。

したがって、日本人としては、もう一段、自信を持つと同時に、ディベートするカルチャーをつくるべきです。それは、自分たちでできることなので、やはり、言い返す努力はしたほうがよいと思います。

少なくとも、「日本が、二十年間、経済成長を止めていたとき、どこが儲けていたのか。利益を食んでいたのは、いったい、どこであるのか」ということを、よく考えなければいけません。日本のなかには、「中国経済を大きくし、日本経済を大きくさせないような考え方」を実践した人たちがいるのです。それを知らなければいけません。

私は、「日本が、さらに経済成長をし、もう一段、大国となることで、一定の発言力を持つことができるようになる」と考えています。「経済成長もまた大事なことである」と考えているのです。

中国や北朝鮮は「日本国憲法の精神」に学べ

中国や北朝鮮に関しては、最終的には、前述したように、国民に自由を与えればよいと思います。そこで一つの提案ですが、日本国憲法は施行から六十五年がたち、もう古くなったので、中国に下げ渡したらどうでしょうか。

「日本では、新しい憲法をつくるので、古くなった日本国憲法を譲渡します。中国は、日本よりも、五、六十年は遅れているでしょうから、ちょうど、よいのではありませんか」と言って、日本国憲法を中国に差し上げればよいと思います。そして、中国は、日本国憲法の内容をそのまま実践すればよいのです。そうすれば、きっと、よい国に変わるでしょう。

その上で、日本は、また新しい憲法をつくればよいと思います。

中国が日本国憲法どおりに国家運営をした場合、天皇制のところには問題が起きるでしょうが、ほかのところは、だいたい、使えるのではないかと思います。中国の未来は、日本国憲法に学ぶことです。

一方、日本は、日本国憲法を捨てることです。日本は「廃憲(はいけん)」し、新しく「創憲(そうけん)」することが大事ですが、中国や北朝鮮には、日本国憲法の基本的な精神、特に基本的人権のところを、しっかりと取り入れてもらうことが大事であると考えます。

それから、国の統治機構に関しては、やはり、複数政党制等を認めさせることが必要でしょう。

ちなみに、日本は、小選挙区制を導入し、二大政党制にしたために、新しい政党が出てこられない状況ができています。政治学的には、「小選挙区制になると、第三党には票が入らなくなる」と言われています。有権者は、「第三党の候補者に投票しても、どうせ当選しないだろう」と思い、自分の票が無駄になることを恐れて、第一党か第二党の候補者にしか票を入れなくなるのです。

これは、「政治参加の自由」をかなり制約しているため、小選挙区制はやめて、中選挙区制ぐらいに戻すべきだと思います。やはり、複数の政党が存在し、多様な意見が入るような制度にしたほうがよいでしょう。

二大政党といっても、「両方の政党とも駄目だ」ということもあります。その場合、もはや選びようがありません。これは、やはり、国民の権利を侵害していると考えられるので、もう少し、複数の政党が出てくることができ、伸びていけるようなシステムをつくるべきでしょう。
そういうことを考えています。

3　沖縄での反米思想をどう打ち破るか

【質問】

先般、台湾総統と沖縄県知事の守護霊の霊言を収録した『台湾と沖縄に未来はあるか？』（幸福実現党刊）が発刊され、沖縄中に激震が走りました。

しかし、それに危機感を強めたのか、今、沖縄のマスコミは、反米軍基地のキャンペーンを活発化させています。

幸福実現党沖縄県本部では、それに対抗して、街頭演説やチラシ配布などを行い、米軍基地等の重要性を訴えていますが、大川党名誉総裁より、何かアドバイスがありましたら、教えていただければと思います。

このままでは、もうすぐ東シナ海は「中国の海」になる

まもなく沖縄県民が度肝を抜かれるようなことが起きるでしょう（この質疑応答の三カ月後、尖閣諸島不法上陸事件が発生。予言が的中した）。

「自分たちが、マスコミ等によって、どれほど逆洗脳をかけられていたか」ということが分かるような出来事が、まもなく起きるでしょうから、沖縄の世論も、いずれ、ゆっくりと変わっていくと思います。

沖縄の地方紙は、二紙とも、左翼思想に染まっています。

また、今の沖縄県知事は、中国帰化人の子孫であり、元の姓は「蔡」というそうです。そのため、本心では、「沖縄は、日本のままでもいいし、中国になってもいい」と考えているのでしょう。日本と中国を両天秤にかけているつもりなのだろうと思います。

しかし、映画「ファイナル・ジャッジメント」や「神秘の法」でも訴えているように、「中国の植民地になって本当に構わないのか」ということを問わなければいけません。

私としては、「沖縄から米軍基地がなくなっても構わない」と思っていますが、その代わり、日本独自で防衛できる体制をつくらなければいけません。ただ、今すぐそれができるのかというと、できないわけですから、やはり、自制しなければいけない面があるのではないでしょうか。

今、中国は、「第一列島線（九州・沖縄から台湾、フィリピン、インドネシアに至るライン）までを支配し、さらに、第二列島線（伊豆諸島から、サイパン、グアム、パプアニューギニアに至るライン）までを支配に置く」という二段階で、国家戦略を立てています。

日本が、この第一列島線を防衛するには、現実には、沖縄の米軍基地だけでは足りません。九州から台湾まで約二千キロあるので、ここを守るには、九州南部に、そうとう大きな軍事基地をさらにつくる必要があります。「移設どころか、基地を増設しなければ、実は日本を守り切れない」というのが現実なのです。

このままでは、残念ながら、東シナ海等は、もうすぐ中国の海になるでしょう。日本海から東シナ海、そして、フィリピン・ベトナム沖まで、もう、中国に押さえられる寸前なのです。

「そうなって、本当によいのか」ということを考えなければいけません。

当会の映画には予言的な内容が入っており、上映したあとで、いつも映画のシーンにあったような出来事が起きています。今回も、「やはり、そうなるのか」と感じるような出来事が起きるでしょうから、県民のみなさんの意識も変わっていくと思います。

沖縄県民に、「中国の植民地になってよいのか」と問う必要がある

沖縄の人たちが「米軍基地は出て行け」と言うのは、気持ちとしては分かります。先の大戦では、アメリカ軍に大勢の人が殺されているので、アメリカ憎しの気持ちがあっても当然だとは思います。

ただ、日本人には少し普通ではないところがあって、「おのれアメリカ、よくもやったな」とまでは誰も言いません。その代わりに、日本人は、「平和のために二度と戦いません」と言うような非常に珍しい民族であり、沖縄だけでなく、広島でも長崎でも、「もう二度と戦争の惨禍を起こしません」と誓っているわけです。

そうは言っても、沖縄には、先の大戦で身内を亡くした人も多いので、アメリカ憎しの気持ちがストレートに出てくるのでしょう。それは、分からないことで

はありません。

しかし、守りが弱い所は、外国が攻めてきたとき、簡単に取られてしまうものです。しかも、中国は、兵力を使わずに沖縄を併合することを考えているはずです。「沖縄は中国固有の領土である」と言い、押し切ってこようとするでしょう。時の政権が弱ければ、それに屈してしまうだろうと思います。

したがって、沖縄の人たちに、「中国の植民地になって本当によいのか」と言って、もっと〝カウンターパンチ〟を打たなければいけません。

例えば、今、幸福実現党や雑誌「ザ・リバティ」（幸福の科学出版刊）等で、中国の自治区から逃れてきた人たちをよく取材していますが、チベットやウイグルなどで起きている事実を、もっと知らせていかなければいけないでしょう。

また、普天間基地に関しては、「民家が密集しているなかに基地があるため、危険である」という言い方がよくなされますが、実は、「基地のある所に、家がたくさん建ってきた」というのが現実です。

民家が密集しているなかに、無理やり基地をつくったわけではありません。つまり、これには、「補償金がもらえるなどのメリットがあるので、民家が集まってきた」という面もあるわけですから、基地が嫌なら、もっと別な場所に町を移せばよいのです。

国家戦略のなかに組み込まれるのが嫌なのは、分からないでもありませんが、現実は、かなり厳しいところまで来ています。

今、沖縄の人々が非常に大変であることはよく分かりますが、彼らが国際オンチであることは間違いありません。国際政治についてまったく知らずに、米軍基地の反対運動をしているはずです。

なかには、「中国に吸収されても、香港のようなかたちで生きていける」と思っている人もいるかもしれません。しかし、香港をよく見てください。香港は、特別行政区として、五十年間、自由が保障されているはずですが、返還から十五年たった今、共産党による締め上げが次第しだいに激しくなってきています。

とにかく、国民が亡命するような国は、悪い国家であり、人々が行きたがるような国が、よい国家なのです。これは簡単な指標ですので、どうか、知っておいてください。

「自由が奪われるような国家がよい」と思うならば、中国に吸収される方向へ動いていきますが、その先には、厳しい未来が待っているのです。

「米軍基地の縮小」をするなら「中国や北朝鮮の自由化」の後にすべきだ

アメリカは、別に沖縄が欲しくて、基地を置いているわけではありません。沖縄は、アジア太平洋地域を守るための要衝の地なのです。もし米軍がグアムまで引いたならば、日本は、国防上かなり危険な状態になります。

ただ、『日本武尊の国防原論』（幸福実現党刊）を読むと、日本武尊の霊は、「これはアメリカの罠である。引くふりをして、仮想敵が暴発するのを待っている」というようなことを述べています。

これは高度な軍事戦略なので、私としては何とも申し上げられませんが、もし、アメリカが、本当に、「米軍を弱く見せておいて、相手が出てきたところを叩く」という作戦をとった場合、それこそ、沖縄が戦場になる可能性もないわけではないのです。

したがって、国体を変え、自主防衛がきちんとできるようになるまでは、やはり、忍耐が要るのではないでしょうか。

沖縄に基地の負担が多いのは、そのとおりかと思いますが、ほかの所も、それなりに負担を背負っています。例えば、東京都民には、地方交付税というかたちで、納めた税金をいろいろな所に持っていかれている面もあるのです。

今は、やはり、アメリカの力を完全にゼロにはできない時期でしょう。逆に、日本は、国防の部分を強めていかなければいけないと思います。

私は、「沖縄県を、沖縄の人たちに『日本に返還されてよかった』と言ってもらえるような県にしたい」と思っていますが、米軍基地の縮小は、あくまでも、中国や北朝鮮の現体制が崩壊し、自由化してはじめて可能になると考えています。

今はまだ、彼らは領土を拡張しようとしているので、基地を縮小させては駄目です。それは、やはり、愚策であると言わざるをえません。

今、「地方分権」や「地方主権」が言われていますが、国の主権を侵す部分については、地方分権をあまり推進すべきではありません。

例えば、「国防を、自分たちの県でそれぞれやってください」というのは、国として無責任な話です。沖縄の人たちも、外国から攻められたとき、「沖縄独自で戦ってください」と言われたら、困るはずです。

やはり、国防は、国がやるべきことなのです。

「マスコミの洗脳」を覆すだけの努力を期待したい

幸福実現党沖縄県本部のみなさんは、今は厳しい立場にあるかと思いますが、今後とも、どうか、地道な努力を続けていただきたいと思います。多くの人々がマスコミ等によって洗脳されているし、その裏には、中国の工作員がそうとう入って、いろいろと仕掛けているという事実があります。

したがって、それを覆すだけの努力をしなければいけません。

幸福実現党党本部のほうも、アメリカの共和党系と結んだり、国内の保守勢力と結び、それを育てようとしたりしています。

これは思想戦です。そして、その戦いは、「どちらを選んだほうが、結果として、国民ないし県民が幸福になっていくか」という選択なのです。

私は、「基地があるから戦争になる。狙われる」ということはないと思います。こちら側が強ければ、そういうことはありえません。弱ければ分かりませんが、強ければ、そういうことはなく、むしろ守られるのです。それが基本的な考え方です。

そして、沖縄から海兵隊が撤退したら、台湾も一瞬でやられますが、おそらく韓国も取られるでしょう。沖縄は、かなり重要な所なのです。それが見えているかどうかです。そこに、「責任を持っている国家」と「まったく責任を持っていない国家」との違いがあるのです。

沖縄での活動は厳しいでしょうが、今後とも、支援できるように頑張りたいと思います。

二年前、石垣島で講演会を行ったとき（二〇一〇年十月三十日「国境を守る人々へ」。『平和への決断』〔幸福実現党刊〕参照）、石垣市長も聴きに来てくれたため、私は、そのあと、市長に書簡を送りました。「万一のとき、どこに言っても駄目だったら、私のところに言ってきてください。何とかします」と書き、市長に書簡を渡したのです。

私は、沖縄を本当に心配しています。「ある日、突然、占領されるのではないか」と思って、心配しているのです。

当会の学生部は、いろいろな所で街宣をしていますが、防衛省の前で行うと、「頑張れ」と言われることもあるそうです。防衛省・自衛隊にとって、私たちは数少ない応援勢力のようなので、何とか頑張りたいと思います。

幸福実現党のほうでも、ぜひとも議席を獲得し、活動したいと思います。今のところ、ネックになっているのは、「宗教への偏見」だけでしょう。

実は、当会の信者で、地方議員に当選している人はかなりいます。幸福実現党の名前を表に出さなければ、けっこう当選しているのです。

おそらく、国政選挙でも、政党名をはっきり出さなければ、当選できる人は数多くいるだろうと思います。幸福の科学や幸福実現党には、それだけの人材がいるのですが、マスコミはまだ用心をしているわけです。

しかし、これに負けてはいけません。幸福の科学が応援している宗教政党として、堂々の当選を果たすところまで、たとえ三倍の圧力がかかったとしても、やらなければいけません。

今後の政党の活躍(かつやく)を期待したいものです。

沖縄の活動も応援していますから、ぜひ頑張ってください。

第3章

国を守る宗教の力

2012年9月2日　福岡県・幸福の科学福岡正心館にて

1 竹島と尖閣諸島の領有をめぐって

今、「日本占領」が現実となりつつある

今年（二〇一二年）の夏は、私にとって、忙しい夏でした。近いうちに衆議院議員選挙が行われるかもしれないため、「政治の季節到来」ということで、〝弾〟を準備しなくてはならず、私は、お盆返上で〝弾づくり〟を一生懸命に行い、政治関係の霊言を数多く収録したのです。

九月の初めに、そういう霊言集が一斉に出ました。それらの霊言を録っている日付を見てくだされば分かりますが、暑いなかで収録したのです（注。結局、九月の一カ月間で、十九冊の書籍を刊行した）。

ところで、この夏、八月のトピックスは、やはり、竹島と尖閣諸島の問題に集約されるのではないでしょうか。七月には、ロシアの首相の北方領土訪問もありましたが、今回が初めてではなく、以前にもありました。しかし、八月の事件はショッキングでした。

今年の六月から全国で公開された映画「ファイナル・ジャッジメント」では、「日本占領！」と「日本奪還！」ということを取り上げましたが、竹島と尖閣諸島への上陸は、その映画の公開が終わった直後のことでした。

この秋には、さらにたたみかけて、アニメーション映画「神秘の法」を撃ち込み、侵略の危機を訴えますが、今回の出来事は、二つの映画が公開される期間の合間に起きた事件なのです。

実は、今年の五月に、私は、幸福実現党の政党本部が入っているユートピア活動推進館での説法で、「まもなく、沖縄の人たちがあっと驚くようなことが起きるでしょう」と言ったのですが（本書第2章「宗教立国の実現〔質疑応答〕」参照）、「だいたい、そのようになってきつつあるのではないか」という気がします。

李明博大統領の竹島上陸の背後にある「韓国の復讐文化」

それでは、竹島と尖閣諸島の問題について、順番に述べていきましょう。

事件の発生は竹島が先でした。八月十日に韓国の李明博大統領が竹島に上陸し、「韓国固有の領土だ」と言って、岩に刻まれた「韓国領」という文字を手で触り、警備隊に食事の差し入れをして帰りました。そういうパフォーマンスを行い、その映像を世界に流したのです。

日本はカチンと来て、野田首相は「遺憾である」と言ったのですが、それが映画「ファイナル・ジャッジメント」のシーンにそっくりだったため、映画を見ていた人たちに笑われてしまいました。

そのあと、首相は李明博大統領宛ての親書を送ったのですが、それを韓国政府に送り返されました。日本は、外交で、そういう屈辱を味わったのです。日本人は、本当に、「忍耐強い」というか、「踏みつけられるのが好きだ」というか、はっきり言うと、愚かです。もう、いいかげんにしないといけません。なめられ切っています。

李明博大統領は、就任したときには親日派的でした。そして、北朝鮮に対しては、前の大統領（盧武鉉）が融和的な太陽政策をとり、「太陽の光で温めたら、暑くなって服を脱ぐだろう」と考えたのとは違い、北風政策を採用し、強硬な姿勢を取りました。

ところが、任期の終わりごろになると、北を責めるのではなく、日本を責め始めたのです。これには、自分の身が危なくなったことも理由としてあります。

今年、彼の実兄と側近が斡旋収賄罪で検察に逮捕されました。大統領の任期はあと半年ぐらいですが、大統領を辞めたら、彼も検察に逮捕されるのは確実でしょう。今までの韓国の歴史を見ると、大統領を辞めたあと、だいたい逮捕されています。彼の前任者は、逮捕される前に飛び降り自殺をしています。

日本とは違い、韓国には残酷な国民性があるのです。

日本では、首相を辞めたら、たいてい、その人に対する追及をやめます。首相をしているときには、さんざん、悪者のように言われますが、辞めると批判されなくなります。こういう点では、日本は紳士的なのです。

しかし、韓国には、「辞めた人の財産を根こそぎ取り、親族も全部捕まえる。そういうところまでやる」という、すごい復讐文化が遺っていて、戦国時代のような状況なのです。

李明博大統領も、退任後、逮捕されることが予想されるため、「自分の身が危ないのなら、日本を生贄にしたほうがいいではないか」と考え、英雄となることで逮捕を免れようとしたのではないかと思われます。

ところが、どっこい、日本の〝ドジョウ〟（野田首相）は、少しは粘り、「はい、そうですか」とは言わずに、「遺憾だ」という言葉を使って、踏みとどまりました。また、外務大臣も、腹が立ったようなふりを少しは見せることができたわけです。

ただ、「首相の親書を返しに来られ、外務省が『受け取らない』と言ったら、書留で送られ、そのあと打つ手がない」という状態です。

航空自衛隊がソウルまで飛んでいき、青瓦台（韓国の大統領府）の上から、親書をポトンと落としてきてはどうでしょうか。

首相の親書を送り返すなど、外交儀礼に反しています。まともな人間のすることとは思えません。日本をなめすぎています。あれには本当に許しがたいところがあります。

初代首相・伊藤博文の「韓国での暗殺」を取り上げないマスコミ

竹島の領有に関しては、日韓の両方に言い分があるのですが、まず、歴史的な経緯を説明しましょう。

「日韓併合」があったのは一九一〇年です。それから一九四五年までの三十五年間（三十六年間とも言われる）、韓国は日本に併合されていました。そういう事実はあります。

そして、韓国は、従軍慰安婦の問題などをたくさん出して、「日本は、いかに悪いことをしたか」ということを一生懸命にＰＲしています。

しかし、新聞も週刊誌もテレビも全然言わないことが一つあるのです。

一九一〇年に日韓併合がなされる前年、日本の初代内閣総理大臣を務めた伊藤博文が韓国人に暗殺されました。それで日本は怒ったのです。

その十数年前に、日本は日清戦争をしています。日清戦争当時の清国はＧＤＰ（国内総生産）が世界一位でした。また、人口は、今よりは少ないものの、三億人を超えて四億人近くあり、約四千万人の日本の十倍はありました。その清国と戦って、日本は清国を破ったのです。堂々たる戦いをし、海戦と陸戦の両方で破りました。

その十数年後に、日本の初代総理大臣を務めた人物を、韓国人がハルビン駅頭で暗殺したのです。もちろん、そのとき犯人は処断されていますが、韓国は国を挙げて犯人を英雄扱いし、その後、切手にもしています。そういうお国柄です。

韓国は、長い間、清国の属国、属領でしたが、〝親分〟の清国が日本に敗れたのです。その日本の初代総理大臣を暗殺して、ただで済むと思っているところが甘いと言えます。

そのことにマスコミは一行も触れていません。これに対して、私は一種の腹立ちを感じます。

今、アメリカの大統領を他国が暗殺したら、ただでは済みません。絶対に軍隊が出動します。当たり前です。どこの国であろうと許しません。

アメリカは、「イラクが『九・一一』の同時多発テロの黒幕だった」という確証を得ることはできませんでしたが、イラク戦争を行いました。本来なら、もう少し証拠を握らなくてはいけないのですが、ワールドトレードセンターで約三千人もの人を殺され、アメリカのニューヨークの「繁栄の象徴」を倒されて、大国アメリカは黙っていられなかったのです。

「アルカイダがテロを行ったけれども、その裏で資金等を供給しているところがあるとしたら、やはり、先の湾岸戦争でアメリカに恨みを持っているイラクに違いない」と見て、「アメリカを怒らせると、どれほど怖いか」ということを見せつけたのだと思います。

日韓併合当時の日本も、そのくらい怖かったのです。日本も十分に怖かったのですが、マスコミは、伊藤博文の暗殺について触れていません。

今回の事件で、韓国もそうですし、中国もそうですが、反日的行為をした者を、すぐに英雄扱いしています。これは、国際社会において、とても未熟なことです。国際人として通用しません。しかし、そのことが分からず、内部の論理だけで行動しています。これでは、はっきり言って、国際的田舎者なのです。両国は、反省しなくてはいけないのです。

雑誌「ニューズウィーク」（二〇一二年九月五日号）も、「暴走する韓国　その不可解な思考回路」という題で特集を組み、「なんという思考回路をしているのか。ちょっとずれているのではないか」というようなことを述べています。

そのへんについて理解していただきたいと思います。

伊藤博文の暗殺が直接のきっかけになって、韓国は日本に併合されましたが、当時の国際社会は、それを、「当たり前だ。当然だ」と考えました。日韓は国際法的に見て合法的に統合され、それに対し、どこからも異論は出ていないのです。

海底の地形からも、竹島が日本領であることは明らか

竹島が日本領として正式に編入されたのは一九〇五年であり、日韓併合の五年前ですが、実効支配は明治時代より前の江戸時代から行われていました。

もっとも、そのころの竹島の呼び方はいろいろで、韓国の今の鬱陵島（ウルルン島）が竹島と呼ばれ、今、竹島と呼ばれている所が、竹島とは違う呼び方をされていたときもあります。

鬱陵島は朝鮮半島の大陸棚の上にあるので、「韓国の領土だ」ということには確かに正当性があるのですが、今、竹島と言われている所は、日本列島の大陸棚の上にあるのです。そして、今の鬱陵島と竹島との間には、三千メートル近い深

竹島と鬱陵島の位置関係

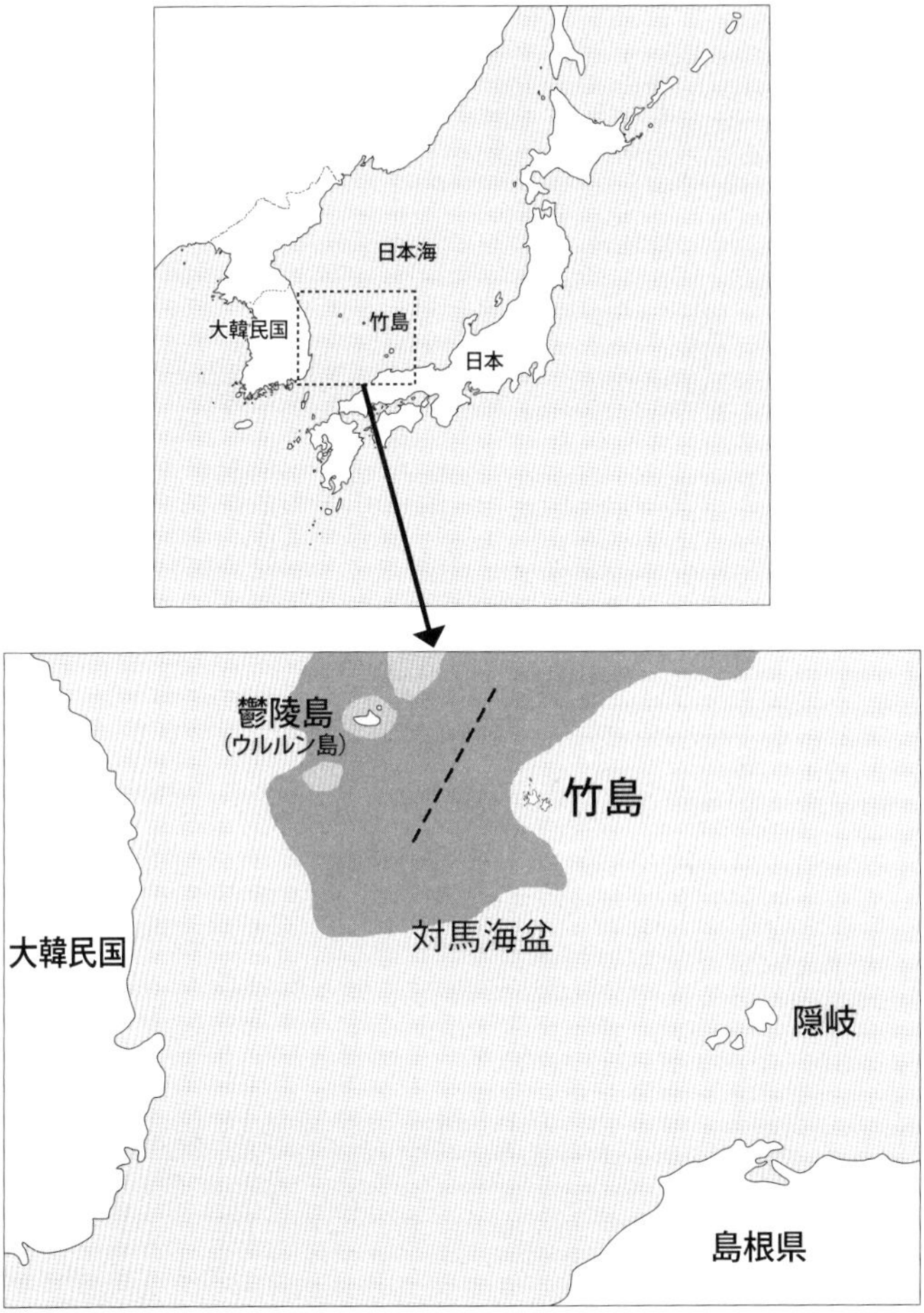

島根県沖の竹島とその西に位置する鬱陵島。その間には、三千メートル近い深さの「対馬海盆」がある。

さの海盆があります。この二つの島は近いように見えますが、こういうものが両方の間にはあるのです。

したがって、現在の竹島は昔から日本領だと思われていました。

ただ、ここは呼び方が途中から変わったため、混乱が生じており、今、それが理解を妨げている面があります。実は、鬱陵島のほうを竹島と呼んでいたことも、あることはあるのですが、今の竹島が日本領であることについては、特に異論はなかったのです。

ところが、一九五二年に、韓国の李承晩大統領が「李承晩ライン」というものを引き、竹島までが韓国の領土に入っていることにしてしまいました。それ以後、いきなり、日本の漁船が数多く拿捕され、逮捕者が大量に出始めたのですが、そのころの日本は、まだ自衛隊が完備していない時代でした。

ただ、竹島は、日本が終戦を認めたときに放棄した領土のなかには入っていませんし、日本領であることは歴史的事実なので、日本領として理解されていた所なのです。

こういうことを、韓国の歴代の政治家たちは、韓国国民に対して、正直に教えていません。そのことは言っておきたいと思います。

韓国は、「日本が一九〇五年に竹島を日本に編入したのは、次に韓国を併合するためのステップだった」という言い方をしているわけですが、その前から実は竹島が日本領であったことの証拠はたくさん出ています。

もっと昔の〝神代（かみよ）の代〟まで戻（もど）ると、竹島をめぐって争っている話も、史料として、あることはあるのですが、前述したように、今の鬱陵島と竹島という、二つの島の間（あいだ）に三千メートル近い海盆があるので、それから見れば、二つの島がそれぞれ別であり、竹島が日本に属していることは明らかだと思われます。

竹島は日本領なので、韓国は国際司法裁判所に提訴できない

江戸時代に書かれた日本の文書のなかに、間違えて、今の鬱陵島を竹島と呼んでいるものがあり、「竹島は韓国領だから行くな」というようなことを書いた文章があるのですが、そこは島の地形が竹島とは違っており、今の鬱陵島のことを指しています。そういう文献もあるため、やや混乱している面もあることを、知っておいていただきたいと思います。

日本は国際司法裁判所に提訴することを韓国に提案しましたが、提訴すべきだと私も思います。そして、その提案を韓国が受けられないこと自体が、竹島が日本領であることを示しています。要するに、国際司法裁判所に史料に基づいて判断され、日本領とされると困るので、その提案を受けられないのでしょう。

「韓国領だ」と思うのなら、日本と同時に提訴し、国際司法裁判所に判定して

もらえば、それですっきりし、戦争をせずに決まるのですが、日本の提案を受け入れていません。受け入れれば日本領になるからです。

したがって、竹島の問題に関しては、どちらが開き直って悪さをしているか、結論は、はっきりしています。

韓国の大統領は、よその国である日本の島根県に来て、「韓国領だ」と主張して写真を撮り、その映像を流して、国威発揚を行い、国民の人気を得ようとしたのです。これについて、日本は怒らなくてはいけません。

海底油田の発見後、急に尖閣諸島の領有を言い出した中国

沖縄県の石垣島の近くにある尖閣諸島についても、「中国領か、日本領か」ということで揉めていますが、揉め始めたのは一九七〇年ごろからです。それまでは揉めておらず、日本領であることについて、全然、異議はなかったのです。

ところが、一九六八年になって、この周りに海底油田のあることが分かりました。そうすると、一九七〇年ごろから急に中国が「中国領だ」と言い出しました。それまでは、まったく言ったことがないのに、本当に浅ましいというか、石油があるとなったら、「中国領だ」と急に言い出したのです。

今から九十年ぐらい前には、中国の漁民が遭難（そうなん）し、尖閣諸島に流れ着きましたが、そのとき、尖閣諸島に住んでいる日本人たちが、彼らを救助して送り返したので、中国から感謝状を送られています。当時は中華（ちゅうか）民国でしたが、中華民国から、「わが国の漁民たちを助けてくれて、ありがとうございました」という感謝状まで、きちんと来ているのです。

中国が、そういう恩を忘れない国であるのならば、尖閣諸島がどちらの国のものだったか、分かっているはずです。

この話からも分かりますが、以前、尖閣諸島には日本人が住んでいました。

あの辺では、鰹も獲れますし、アホウドリも捕れます。アホウドリの毛を、フランスの貴婦人などがかぶる帽子の羽根飾りとして輸出していました。貴婦人の帽子には鳥の羽根を一本付けたりしますが、あれはアホウドリの毛なのです。フランスの貴婦人などが帽子に付けていた毛は、尖閣諸島で日本人が捕獲したアホウドリの毛です。それがフランスの貴婦人の帽子を飾っていたのです。日本人は、尖閣諸島に住み、アホウドリを捕まえたり、漁をしたりしていたのです。したがって、そこが日本領であることは明らかなのです。

ところが、「石油が出る」と聞き、中国は慌てて「中国固有の領土だ」と言い出したわけです。

中国は、近年、「琉球も中国の固有の領土だ」と言い出しましたが、もうすぐ、「日本列島も中国固有の領土だ」と言うかもしれませんし、日本を二〇五〇年までに中国の東海省と日本自治区にすることを示した内部文書もあるようです。

中国は言いたい放題です。

北方四島はおろか、古くから樺太をも訪れていた日本人

ついでに述べると、今年の七月には、ロシアのメドベージェフ首相が、北方四島の国後島に行き、いろいろと視察しました。

日本とロシアは、北方四島の領有をめぐって議論し合っており、「四島のうち、二島だけを日本に返す」という話が出たこともあります。

しかし、ロシアがどこまで歴史を知っているか、分かりませんが、あのあたりについても、日本人は、古くから訪れていたのです。

江戸時代に、間宮林蔵という人がいて、この人は樺太まで探検に行きました。そして、樺太が半島ではなく島であることを確認し、海峡を渡ってシベリアにも行きました。それで、樺太とシベリアの間の海峡を、「間宮海峡」と称している

のです。

当時、樺太にはロシア人など住んではいませんでした。樺太を測量し、そこが島であることを確認し、地図をつくったのは日本人です。したがって、ある意味では、樺太まで日本領です。「日露戦争に勝ち、日本はロシアから南樺太を割譲された」ということになっていますが、その前に、樺太は、もともと日本領なのです。

間宮林蔵で足りなければ、もっと遡りましょう。

「日蓮六老僧」の一人である日持は、日蓮が亡くなったあと、北の国に伝道に出かけました。彼は、「大陸に伝道する」と言って、北海道を越え、樺太に行き、その後、行方知れずになっています。

すなわち、日蓮宗は、少なくとも樺太伝道まで行ったことが、はっきりしています。彼がシベリアのどこで死んだか、分かりませんが、そういう伝説がきちんと遺(のこ)っているので、当時、日本人は樺太まで行(い)ったのです。

さらに、もっと前まで遡ることもできます。

源義経(みなもとのよしつね)は、いちおう東北の平泉(ひらいずみ)で殺されたことになっていますが、「あれほどの英雄が、それほど簡単に殺されるはずはない。逃(に)げたに違いない」という見方も、一部、あることはあります。

そして、伝説の域を抜(ぬ)けませんが、「北海道に逃(のが)れ、さらに北上して樺太から大陸に入り、ジンギスカン（チンギス・ハン）になった」という説さえあります。「あれほどの人が、それほど簡単に負けるわけはないから、ジンギスカンになって、向こうで暴(あば)れまくったのだろう」という説もあるのです。

このように、日本人は古くから樺太に行ったりしていたわけです。

なお、「カラフト」という地名はアイヌ語が語源です。つまり、それは、「樺太は北海道所属のものだ」ということなのです。

韓国は竹島を狙うのではなく、北朝鮮を何とかすべきだ

日本人は人が好いため、いろいろな国に領土を取られまくっているようですが、自分のものについては「自分のものだ」と言わなくてはいけません。

いくら「与える愛が大事だ」といっても、こんなちっぽけな島国に住んでいるのに、あまり与えたら、本当に、住む所がなくなります。最後に四国だけになったら困るので、「領土をたくさん持っている国が取りに来るな。ロシアだって中国だって領土が余っているのだから、もう取りに来るな」と言いたいところです。

それから、韓国に対しては、「竹島など取りに来ないで、きちんと北朝鮮を取ってほしい。あそこを占領しなさい」と言いたいのです。北朝鮮を何とかしてほしいものです。

「日本は少しなめられている」と思います。

竹島や尖閣諸島の問題があったため、この八月は実に不愉快千万でした。

2 日本に国難をもたらした民主党政権

公約に違反して消費税増税法案を成立させた民主党

三年前の二〇〇九年の衆議院議員選挙のとき、幸福の科学は幸福実現党を立党し、「国防や外交の危機が来る」ということをいち早く訴え、警鐘を鳴らしましたが、民主党も自民党も、国防に関しては、まったく知らん顔をしていました。「それについて言うと、選挙で負けるから損だ」という理由で、その話題から逃げていたのです。

ところが、その話題から逃げた政党（民主党）が選挙に勝ちました。さらに、その政党は、「消費税率を上げない」と嘘をついて大勝ちをし、衆議院を解散しないまま、その勢力でもって、いろいろな法律を通してきたのです。

これは、恥ずかしいことです。今、国会議員をしている人たちは、もう政治家を辞めてください。こんな人たちは本当に要りません。

国民を騙して、「選挙に勝った」「国会議員のバッジをもらった」「ＪＲや航空機のフリーパスをもらった」「法律を通した」などと言っていますが、「そういうことは、嘘の上に嘘を塗り固めてやるものではない」ということを、私は言いたいのです。

「任期中の四年間は消費税率を上げません」と言って大勝ちしておきながら、実際には消費税率の増税法案を成立させ、「増税が実施されるのは、その四年間のあとです」と言うのは卑怯です。

きちんと選挙で信を問い、「消費税率を上げますが、よろしいですか」と言って勝たせてもらえたなら、増税法案を通しても構わないと思うのですが、民主党は「消費税率を上げない」と言って選挙に勝ったのです。一方、自民党は「将来的には上げるつもりである」と言って負けたのです。したがって、選挙のときの民意は明らかであり、「上げない」ということが民意だったはずです。

しかし、「上げない」と言って勝ち、多数を得た政党が、その多数に基づいて増税法案を通したのですから、それはギルティ（罪）であり、よくないことだと私は思います。嘘はいけません。頭ではっきりと分かっている嘘を言うのは、やはり、よくないのです。

法案を通しておいてから「ごめんなさい」と言うのは、あってはならないことです。「公約を守れなくて、すみませんでした」という言葉は、首相を辞めてから言いなさい。当たり前です。辞めて責任を取ってから言いなさい。

消費税増税法案を成立させ、それで首相を辞めるのかと思ったら、国難、外交上の問題が起きたため、「その対策をしなくてはいけない」と言って、まだ続けるつもりのようです。

東日本大震災が起きると、それを増税の材料に使ってきましたし、本当に、ずる賢すぎます。これでは、はっきり言ってタヌキやキツネの仲間です。考えることがずる賢くていけません。人間は正直に行かなくてはいけないのです。

政治においては、言ったことの実現に一貫して努力し、もし言ったことを実現できないのであれば、それについて責任を取る姿勢が大事です。

民主党政権誕生以来、外交では国難が続いている

民主党政権ができてから、外交では、ずっと国難が続いています。今の国難の多くが外交問題です。幸福実現党は、前回の衆議院議員選挙の際に、「外交問題が次の政権で最も重要な問題になる」と思っていたので、それについて言ってい

たのですが、マスコミは、それを言っていたところを取り上げず、言わなかったところを持ち上げて、大勝ちさせました。

これについて、マスコミの責任は重大です。

「外交問題が次の大問題になる」ということが、もし分からなかったのなら、愚かとしか言いようがありません。

また、日米安保、中国や朝鮮半島との関係など、外交問題で揉めることを、知っていたにもかかわらず、それを選挙の争点に取り上げなかったところを応援したのであれば、愚かを通り越し、首を刎ねられなくてはいけません。代表的マスコミは責任を取って絶対に潰れるべきです。そうでなくてはいけません。

国民をコケにするものではありません。政治家もマスコミも、自分たちを「賢い」と思い、国民をコケにして、「自分たちが言ったように、どうにでも世の中は動く」と思っています。これは問題です。本当に民主主義を言うのであれば、これに対して、民衆の怒りを正当に出さなくてはいけないでしょう。

「脱原発」で熱中症による死者が増え、倒産が数多く生じる

次の衆議院議員選挙は、早ければ、今年の秋に行われるようです。もっとも、“ドジョウ政権”が粘りに粘り抜き、何かの偶然も重なれば、選挙が来年まで延びるかもしれません。

次の選挙においては、おそらく、「脱原発」ということが大きなテーマになってくると思います。

マスコミは、原発問題について、一年間、キャンペーンを張ってきました。

しかし、今回の原発事故の放射線で死んだ人はいません。もちろん、原発で各種の作業に携わっていた人のうち、病気等によって亡くなった人が、二人ぐらいいたかもしれませんが、放射線の被曝によって亡くなった人は存在しません。

一方、節電の呼び掛けに従い、熱中症で死んだ人はたくさんいます。今年の夏は非常に暑い夏でしたが、熱中症で病院に運び込まれた人は何万人もいます。お年寄りほど律儀なので、冷房を切り、一生懸命、節電に励み、熱中症で死んでいます。この責任は誰も取っていません。

今年の九月一日から東京電力は電気料金を平均八・四六パーセント値上げしました。消費税率が上がる前に電気料金が上がったのです。

このように、電気料金が上がる状況なのに、「脱原発」を訴える人たちは、首相官邸の前にテントを張り、毎週金曜日に大きなデモを行いましたし、その運動のリーダーと称する者たちが首相と会談もしました。

それは市民運動と言われてはいますが、その裏には労組がついており、運動を実行しているのは、みな、労組の人たちです。いわゆる高教組（日本高等学校教職員組合）や自治労（全日本自治団体労働組合）などに属する人たちの寄せ集めなのです。

彼らは、その運動を、アラブから始まったイスラム圏(けん)のデモと同じく、自然に発生したものに見せようとしていますが、裏に組織がついていることは隠(かく)せません。しかし、マスコミもグルになって、自然発生的に起きたデモのように見せています。

彼らの運動のせいで、東京電力の配電下にある地域では、前述したように、すでに電気料金が引き上げられました。

もっとも、電気料金が値上げされる前に、去年からそうですが、東京の百貨店などでは、省エネのために電球をたくさん抜いてあります。

ある店では、店内が暗いので、「もう閉店したのかな」と思ったら、店員が二人いて、店は営業していました。店員たちは店を開(あ)けているつもりなのでしょうが、客が入るわけはありません。「どうせ客はめったに来ないから」と思い、店内を薄暗くして休んでいるのです。

電気料金が上がると、それは、どこに転嫁されるでしょうか。本来、製造費が上がるので、工業製品に影響が出て、値上げになるのが普通です。

さらに、これに消費税がかかってきます。これをそのまま価格に上乗せして物が売れるかというと、売れるわけはないので、価格上昇を抑えるために、内部で経費削減が始まります。社員の解雇や下請けいじめが行われますし、倒産も数多く生じてくるのです。

「こういうことが始まる」と幸福実現党は言っているのですが、そのとおりであることは、いずれ分かります。ただ、それが分かるころには、今の政権担当者たちは責任を取らなくて済むのでしょう。幸福実現党の言っていることが合っているか、合っていないか、やがて分かると思います。

3　中国も韓国も、日本の恩恵を受けて発展した

日本のＧＤＰ（国内総生産）は二十年前と変わっていない

みなさんが騙されてはいけないことが一つあります。

一九九一年は、私の「御生誕祭」が初めて東京ドームで開催された年であり、また、幸福の科学が「バブル宗教」と批判を受けた年でもあるので、私にとっては印象深い年なのですが、この一九九一年の日本のＧＤＰと、二十年後の日本のＧＤＰを比べると（名目ＧＤＰ）、ほとんど変わっていないのです。

また、その一九九一年には、中国のＧＤＰは日本の八分の一しかありませんでした。二十年前に八分の一だった国が、二〇一〇年には、統計上、日本を抜き、

世界二位になったのです。

ただ、「中国の統計には嘘が多い」という説もあるので、本当に日本を抜いたのかどうか、まだ分かりません。あの国は、そういうことをいくらでもするので、本当かどうか、まだ分からないのですが、いちおう、その統計を公式に認めるとするならば、日本を抜いたことになります。

中国のＧＤＰが八倍になった二十年間に、日本のＧＤＰは、まったく伸びませんでした。おかしいではありませんか。なぜ、こうなるのでしょう。こんなことは、本来、あるわけがないのです。二十年もあれば、自然体で放っておいてもＧＤＰは伸びます。どこの会社も、業績を伸ばそうとして活動しています。

要するに、経済的にも財政的にも、日本のＧＤＰが伸びないようにした連中がいるのです。

したがって、「この二十年間、日本のＧＤＰがまったく伸びなかった」ということに対する反省を求めなくてはいけません。誰かが責任を取るべきです。

いったい、どのような理由によって、二十年間、ＧＤＰがまったく伸びなかったのか、それを教えていただきたいものです。戦後、ずっと伸びてきたものが、なぜピタッと止まったのでしょうか。

二十年間も止めるのは大変なことで、並大抵の努力では止められません。よほど頑張らないかぎり、止められないのです。国の財政・金融当局の責任者が敵国のスパイか何かでなければ、こういうことはありえません。「中国に抜かれるために、じっと我慢して待っています」という立場を取る場合以外には、考えられないことなのです。

中国も韓国も「アジアの発展に尽くしている日本」に感謝すべきだ

中国は「ＧＤＰで日本を追い抜いた」と称していますが、中国のＧＤＰが八倍になるまで、二十年間に、日本がしたことは何でしょうか。

日本から中国に工場を移し、そこで生産を行い、中国人に人件費を払い、中国の売り上げを増やしました。中国に会社もつくり、地元の雇用を増やし、人々の収入を増やしました。

中国人の収入も人件費も、今は以前の十倍近くまで高騰していますが、その分、日本の産業は、おそらく空洞化したのだと思います。

この二十年間で、中国も韓国も、日本の恩恵を受けて、非常に経済発展をしてきているのです。

中国や韓国が日本の島を取りたくて暴れるのは結構ですが、「日本とアメリカが工場を移し、そこで、いろいろなものを生産して、雇用を生み、ＧＤＰを増やして、国を豊かにしてあげた。この事実に対して、二十年分、感謝しなさい」と、一言、私は言いたいのです。

自国の発展を止めてまで、ほかの国の発展のために尽くしたのに、なぜ、悪口を言われなくてはいけないのでしょうか。なぜ、大使の車の「日の丸の旗」を奪われなくてはいけないのでしょうか。その犯人が捕まったら、なぜ、「愛国無罪」のようなかたちで逃がそうとするのでしょうか。

いいかげんにしなければいけません。そんなことで、国際社会のなかにいられると思っているのでしょうか。

中国には、本当に、「日本が、それだけ中国の発展のために尽くした」ということに対する感謝がありません。

先年、「毒入りギョーザ事件」がありましたが、中国は、「日本が入れたに違いない」と、ずっと言い張っていました。しかし、中国の工場で入れられた証拠が見つかり、とうとう最後には認めざるをえませんでした。

日本は、輸入したギョーザに、わざわざ毒を入れたりはしないのです。中国の主張は、ばかばかしくて、聞いていられません。

しかも、中国の製造現場は非常に非衛生的です。本当に悪い衛生状態なのです。日本がアジアの発展のために尽くしていることについて、もう少し感謝の念を持ってもらわなくてはいけないと私は思います。

4 外交において、毅然とした態度を

「従軍慰安婦」なるものは正式には存在しなかった

韓国は、従軍慰安婦のことも、いろいろと言っていますが、正式名称で「従軍慰安婦」というものはなかったと言えます。従軍カメラマンや従軍記者、従軍看護婦などはいたでしょうが、従軍慰安婦は、日本軍には正式には存在しませんで

した。

そういうものを扱っている業者はあったかもしれませんが、「従軍」という名のつく、軍属の組織があって、強制的に行われたものでないことは明らかです。

従軍慰安婦については、日韓基本条約の締結の際、全然、議題に出ていません。日本と韓国は一九六五年に日韓基本条約を結びましたが、その締結に当たっては、国家賠償について話し合い、過去の問題を、全部、出し合っています。従軍慰安婦の問題は、そのときに話が出なくて、あとから取って付けたように出てきたものなのです。

生活難になった人たちが騒ぎ出したのだと思いますが、それは、本来、韓国政府が補償すべきものです。そういうものについても、「日本が払うべきだ」と韓国は言っていますが、これも国際的に見て情けないレベルです。

これが可能なのであれば、東京大空襲で家を丸焼けにされた人は、自宅の賠償金をアメリカに請求できることになります。また、広島や長崎の人たちも、親戚一同で被害の賠償を全部アメリカに請求すればよいのです。

しかし、そうはできません。これは、「日本の国が責任を取るかどうか」という問題です。それが当たり前であり、独立国としては当然のことなのです。もし、それができるのなら、「韓国は、いまだに日本の植民地のままだ」ということになるのです。

韓国は、こういう国際ルールを理解していないので、非常に残念です。そして、そういうことよりも、むしろ、その問題を、日本を脅す材料にして使おうとする心が、卑しく、実に醜いのです。

いったい、何十年、何百年、何千年、そういうことを続けたら、気が済むのでしょうか。それを私は問うてみたいのです。やはり、いいかげんにしなくてはいけません。今生きている日本人の多くは、日韓併合の時代には生まれていない人たちです。それなのに、そういうことを、いつまで続けるのでしょうか。

国際関係を良好にするためには、忘れなくてはいけないものもあるのです。

例えば、アメリカは日本に原爆を落としましたが、それをいつまでも恨み続けても、日本が幸福になることはありません。もちろん、「原爆の日」には慰霊をしていますが、それでアメリカを責め続けているわけではありません。その分だけでも、日本人は偉いのです。

韓国は、ソウルの日本大使館前に、十三歳の従軍慰安婦の像を置いたり、アメリカに従軍慰安婦の碑を建立したりしていますが、こういうことは、国際人としては許せないというか、はっきり言って、常識レベルではありません。私なら、その晩のうちにツルハシで壊します。絶対に許しません。そんなことは非礼です。失礼です。

これは国対国の外交が成り立たない状態だと思います。

こういうことに対しては怒らなくてはいけないのです。しかし、怒るべきときに怒れないのが、今の日本のいけないところです。

「過去に悪いことをした」と反省するのは結構ですが、物事のけじめ、善悪については、一個一個、判断しなくてはいけません。

国際社会に対しても、間違っているものについては、「間違っている」と、はっきり言える日本でなければいけないと私は思います。

東アジアでの紛争にアメリカが介入しない可能性は高い

アフリカから始まって、革命がいろいろと起きていますが、今、アサド大統領のシリアでは、政府軍が空爆などによって民衆をそうとう殺しています。これは、当然、国連が介入していなくてはいけない段階です。ところが、中国とロシアが拒否権を発動したので、国連は介入できないでいます。

また、アメリカのオバマ大統領は、お金が惜しいため、あまり介入したくなくて、介入が遅れています。しかし、死者の数から見ると、この段階で介入していなかったら、はっきり言って、アメリカではありません。アメリカとしての使命を放棄していると思います。

今、それだけアメリカの国力が弱っているのであれば、「日本に対しても、同じことが起きる」と考えなくてはいけないでしょう。「中国や北朝鮮、韓国等と日本との間で、何か国際紛争が起きたときにも、アメリカは、同じような態度を取る可能性が高い」と考えなければいけないと思います。

そうであるならば、「自分たちでやれることは、自分たちでやらねばならない」と決意すべきですし、それを公然と言うべきだと思うのです。抽象的な言葉で、分からないように言うのではなく、「自分たちの国は自分たちで守る」と、しっかりと言わなくてはいけません。

中国は、今、日本の島だけではなく、南太平洋のクック諸島など、太平洋の島々にまで手を伸ばし、そこに道路を引いたり建物を建てたりして、実質上、支配に入ろうとしています。

今年の六月、私はアフリカのウガンダに説法に行きましたが（六月二十三日"The Light of New Hope"）、ウガンダの大統領官邸は中国が建てたものでした。中国はウガンダの大統領官邸を中国の費用で建ててやったのです。

これは、その国を奪う前に、まず、要所を自分たちのものにしてしまう戦略でしょうか。大統領府を中国が建てたのなら、そこを占領するのは簡単であり、「これは中国が建てたものだ」と言って、押さえることができるでしょう。

アフリカは、このような状態ですが、そういうことを、今、中国は太平洋地域でも行っているのです。アメリカは、これを巻き返そうとして、太平洋の島嶼諸国にも、やっと本格的な投資をしようとし始めたところですが、オバマ政権は、そうとう後れを取っていると思います。

私は、アメリカの民主党と共和党のどちらを応援するとは言いません。今年の大統領選挙においては、今、両党の候補者が同じぐらいの支持率で競争しているので、アメリカ人が選べばよいと思います。

ただ、できれば、日本が国際紛争に巻き込まれたときに、「日本のために戦う」と言ってくれるところが勝つことを希望しています。

政治家が弱腰だと、どんどん領土を侵食される

日本は、今後、外交において、「毅然とした」という言葉を空理空論にするのではなく、真に毅然とした態度を取らなくてはなりません。そして、国を守るための方法をきちんと考えるべきです。

自衛隊そのものの戦力は、通常兵器で戦うかぎり、中国軍や韓国軍と戦っても、

負けるレベルではありません。はっきり言って、自衛隊のほうが強いのです。こちらのほうが戦力は上です。

しかし、核兵器を出してこられたら、日本は敵いません。これが、乗り越えなければいけない問題としてありますが、通常兵器のレベルでは、今のところ、こちらのほうが強いのです。なぜかというと、武器の性能と訓練のレベルが上だからです。

ただ、自衛隊の最高指揮官は政治家になっているので、防衛大臣や総理大臣が、判断を間違えたり、弱腰だったりすると、戦えるものも戦わずに、どんどん領土を侵食されることがあります。

石垣島を取られても、沖縄本島を取られても、もし何も言えないような政治家だったなら、それで終わりです。気力がなければ、それで終わりになるので、やはり、そのへんをきっちりと指揮できる人でなければいけません。

今の政治問題の要点を、分かりやすく、簡潔に、善悪を明らかにして述べました。参考にしていただければ幸いです。

第4章

国を守る宗教の力〔質疑応答〕

2012年9月2日　福岡県・幸福の科学福岡正心館にて

1　日本人を愛国心に目覚めさせる方法

【質問】

愛国心について質問させていただきます。

今のような危機の時代には、日本人一人ひとりが、強い愛国心を持って当たらなければ、国難を乗り越えることはできないと思います。

しかし、このような時代であるにもかかわらず、日本人の政治への関心は薄く、愛国心もあまり持っていないように感じられます。どのようにすれば、日本人に愛国心を持ってもらうことができるのか、ご教示ください。

愛国心は、民主主義と同時に発生したもの

先般、清水幾太郎という社会学者の霊言を収録し、『核か、反核か』（幸福の科学出版刊）という題の本として出しましたが、そのなかには、愛国心について触れているところがあります。

戦後の日本では、愛国心について反発的な考え方をする人も多いのですが、それは、戦前、「天皇制の国家神道を信じ、天皇陛下に忠誠を尽くすことが愛国心である」と教えられていたことの反動でしょう。そこから、戦後、愛国心を否定するような流れが出てきているのです。

しかし、愛国心そのものは世界各地にあり、その起源は、かなり古いところまで遡ることができます。実は、「古代ギリシャで民主主義が栄えたときに、愛国心というものが生まれた」と、学問的にも言われています。

すなわち、かつて、ギリシャがペルシャの大軍と戦って勝利した「サラミスの海戦」（B.C.四八〇）がありましたが、もし、ギリシャが負けていたら、その後、ヨーロッパ圏は滅び、アジアの支配が及んでいたと思われます。サラミスの海戦は、世界三大海戦の一つと言われる、天下分け目の大きな海戦でした。

そのときに、ギリシャは、一般の人たちをも兵士に取り上げなければいけなくなったため、貴族や農民などの区別をしてはいられなくなりました。つまり、「『国を守る』という意味において、国民には同じ値打ちがある。国を守ることは大事なのだ」ということで、身分制を度外視し、「兵士として国を守る」という方向で一丸となったのです。

これが愛国心の始まりだったことが、学問的にも証明されています。

このように、愛国心というのは、実は、民主主義の発祥と非常に関係があり、愛国心と民主主義の始まりとは一致しているのです。要するに、戦前の「忠君愛国」的な愛国心だけではなく、民主主義的な制度を維持したとしても、愛国心は成り立つわけです。

例えば、アメリカの愛国心も、民主主義的なものだろうと思います。それは、「自分たちのつくった国を、自分たち自身が守るのだ。それによって、自分たちの幸福の権利を守り、平等の権利を守り、自由の権利を守る。これが愛国心なのだ」という捉え方です。

古い人のなかには、「愛国心なんて、古びていて、時代がかった、間違ったものだ」という考え方を持っている人が多いでしょうし、新しい人でも、学校教育で、そのように教わっているかもしれません。

しかし、「愛国心そのものは、民主主義と同時に発生したものだ」と、学問的には言われているのです。私もその考え方に賛成です。

「国を守らなければいけない」ということになったら、各人の身分の差や収入の差、職業の差などというものは、すべて関係がなくなり、全員一丸となって協力しなければいけなくなります。そこに愛国心が生まれるのです。

要するに、愛国心は、民主主義と非常に密接な関係があるものです。国があってはじめて、国民は幸せに暮らすことができるわけですから、愛国心をばかにしてはいけません。

日本人は、世界に冠たる「日本の歴史」に誇りと自信を持つべきだ

特に、最近、侵略的な傾向を出してきている中国では、「愛国無罪」、すなわち、「愛国心で行ったことならば、全部、無罪放免となり、罪にならない」「反日活動と称してやれば、全部、無罪になる」というような扱いがなされています。

しかし、中国国内であっても、日本商店の打ち壊しなどをしたならば、それは十分な犯罪です。当たり前のことです。

例えば、先日、「中国人が、二台のドイツ製の車両で、日本の外交官の車を後ろからずっと追いかけて挟み撃ちにし、日本の国旗をもぎ取って逃げる」という事件が起きましたが、そんなことをすれば、刑務所行きは当たり前です。犯人を捕まえて刑務所に入れなければいけません。

ところが、中国では、「愛国無罪」ということが平気でまかり通っています（注。犯人の男性二人は、五日間の拘留処分を受けただけで、釈放された）。

そういう国を相手に、愛国心のない国民が、どうやって外交をしていけばよいのでしょうか。やはり、それは、「日本は素晴らしい国だ」ということを認めなければ不可能です。

最近、私は霊言集を数多く出していますが、初代天皇である神武天皇の霊言も収録し、本にして出しています（『神武天皇は実在した』〔幸福の科学出版刊〕）。やはり、日本の歴史に、もう一回、誇りを持ち、自信を持たなければなりません。

日本は、素晴らしい神様がおられる国なのです。この国では、天孫降臨以降、天照大神の子孫である皇室が百二十五代も連綿と続いています。皇室に二千数百年から三千年近い歴史があるわけですが、そういう国は、世界中、どこを見渡してもありません。

世界のほとんどの王朝は、数百年で潰れていますし、ローマ帝国でさえ一千年で潰れています。そのなかで、日本は二千六百年以上の皇室の歴史を持っている国であり、これは世界に冠たるものです。

「アメリカは偉大な国だ」と言っても、アメリカには、二百数十年の歴史しかありません。「二千六百年前、アメリカはどうであったか」と言えば、まだ国さえ存在していないのです。

ヨーロッパも同じです。例えば、「イギリスは日本と同じぐらい古い国である」と言っても、千年前のイギリスはバイキングの時代であり、海賊の国だったのですから、日本と同じではありません。同じころ、日本では、世界最古の長編小説（『源氏物語』）を女性が書いていたのです。

やはり、日本人は、「日本の歴史」について、きちんと説明できるだけの誇りと自信を持たなければいけないと思います。

もちろん、どの国の歴史にも、よいところばかりではなく、悪いところもあるとは思います。しかし、「その悪いところだけを取り出して教え、よいところを全部見ないようにする。それを隠して言わないようにする」というのは、非常に偏った、間違った教育です。

どの国でも、国民の教育は、愛国心教育から始まります。愛国心がなければ、国民として誇りが持てないので、「愛国心教育は当然のことだ」と考えられているのです。

愛国心を教えられないのは、やはり、非常に恥ずかしいことです。日本では、日教組による教育制度の問題があるため、「神話の時代」を教えずに切り捨ててしまい、日本の悪いところばかりを、一生懸命、教えようとする傾向がありますが、「日本にも、よいところはたくさんあったのだ」ということを教えなければなりません。

日本には優れたところが数多くあったと思います。「日本人のみの美徳」というものはかなりありましたし、日本は、神様に長く守られてきた国なのです。

「正しい歴史」を書くために、日本は絶対に滅びてはいけない

台湾から日本に帰化した評論家の黄文雄氏は、「ザ・リバティ」のインタビューで、「救世主が生まれるとしたら日本しかありえない。今、日本に生まれる以外、生まれる場所はないはずだ。ここに生まれなければ意味がない」と、はっきり言っています。

西洋諸国は、罪深い歴史をたくさん持っています。五百年にわたって植民地をつくり、有色人種を苦しめてきたのが、西洋の歴史です。

有色人種は、いまだに、それに対して有効な反論ができずにいますが、それができるとしたら、やはり、日本しかないと思います。

中国は、日本に対して反日運動をたくさん行(おこな)っていますが、そもそも、中国はアヘン戦争に負けて、事実上、ヨーロッパの植民地になっていたわけであり、日本が進出していったのは、そのあとなのです。

また、第二次大戦で、日本が欧米(おうべい)と戦った結果、インドも中国も、植民地支配から解放されているわけですから、そのあたりの歴史については、正当に評価しなければいけません。ヨーロッパの国々と戦って勝ったのは、日本だけなのです。

その結果、アジア諸国は植民地支配から解放されて独立できました。それ以前は、インドネシアはオランダに、ベトナムはフランスに、ビルマ（ミャンマー）

はイギリスに支配されていたのです。

さらに、インドは百五十年もの間、イギリス領でした。その間、インドの産業は全然発展せず、全部イギリスに取られる一方でした。

日本は、そういうものを覆していったのですから、やはり、自信を持たなければいけないと思います。

私は、「正しい歴史を書くためにも、この国が滅びてはならない」と思っています。

日本は、ぜひとも、新しい時代の新しい歴史を書くべきです。そのためには、日本の政治が強くなければならないし、日本の繁栄が続かなければなりません。

日本は、絶対に滅びてはいけないのです。

2　病気に負けずに活動をしていくには

【質問】

福岡(ふくおか)の地は、「アジアの玄関口(げんかんぐち)」として重要な場所であり、私は、なんとしても、この地を守っていきたいと思っています。

しかし、現在、私は病気を持っており、体調が悪いときには活動に支障が出ることもあります。病気に負けずに活動していくためのワンポイントアドバイスを頂ければ幸いです。

今、幸福の科学に起きている驚くべき奇跡

このような大事な時期に、いつまでも病気をしていてはいけません。早く治してしまいましょう。少し信仰心が足りないのではないでしょうか。信仰心が足りないから治らないのです。もっと、しっかりとした信仰心を立てましょう。そうすれば、病気は治ります。

私は、幸福の科学で起きたいろいろな奇跡について報告を受けていますが、総裁の私でも信じられないような奇跡がたくさん起きています。「そんなバカな」と思うようなことが、現実に起きているのです。

「幸福の科学のチラシをもらった瞬間に病気が治った」という人がいたり、今年の六月に公開された映画「ファイナル・ジャッジメント」を観て、脳梗塞で麻痺した体が治ってしまったりするなど、私が言ってはいけないのですが、「そん

なバカな」というようなことが数多く起きているのです。

普通、こんなことはありえません。当会で起きている奇跡は、キリスト教などの奇跡をはるかに超えています。『聖書』には、本当に珍しいこととして奇跡の話が書かれていますが、「幸福の科学のチラシを受け取った」とか、「幸福の科学の映画を観た」とか、そうしたほんの小さなきっかけで、数多くの病気が治っているのです。これはすごいことです。

病気というものは、ちょっとしたことで感染します。「何かに触れた」とか、「病気の人と接した」とか、「一メートル以内に病気の人がいたために、ウイルスが移った」とか、そういうことがありますが、逆に、よいことも〝感染〟するのです。

したがって、信仰心の〝感染〟が大事です。信仰心に〝感染〟すると、病気に対する抵抗力が付いてきます。体のなかに、病気を治す力がグーッと付いてくるのです。白血球の力がグンッと強くなってきて、体のなかに入ってきた異物や病原菌など、悪いものを絞め殺していきます。

白血球にも〝信仰心〟はあるのです。白血球が、「自分が宿っている体は、神様のお役に立つ体だ」と思ったならば、白血球であっても、「エル・カンターレファイト」（幸福の科学における悪魔祓いの秘法の一つ）を行じて戦ってくれるはずです。

やはり、信仰心を強く持てば、どのような病気でも治らないことはありません。

もちろん、人間には寿命があって、いつかは死ななければいけないので、それについてはあきらめていただきたいと思います。千年も生きたら、〝浦島太郎〟になってしまい、周りの人と全然話が通じなくなります。そういう意味では、「亡くなる」ということも神の慈悲なので、最後はしかたがありませんが、お役に立ちたいときに働けるのは大事なことです。

言い訳をせず、病気を叱りつけるぐらいの気力を持とう

病気を治すには、病気になった肉体を叱りつけるぐらいでなければ駄目です。

「病気になるとは、何たることであるか！　弛んでいる！　それが信仰者の立場か！　赤血球も白血球も怠けている！」という感じで、徹底的に糾弾し、気合いを入れて、締め上げなければいけません。

瞑想をして、「赤血球よ、白血球よ、しっかりと働きなさい！　体のなかの異物や毒素などと戦い、それらを全部、体の外に叩き出せ！　悪いものは、汗や尿と一緒に全部出て行け！　私には、今、やらなければならないことがあるのだから、応援せよ！」と肉体に言い聞かせてください。

そして、「こんな奇跡が起きました」と、自分の奇跡譚が当会の布教誌などに載っているところを、ありありと心に描いてください。それが現実化するイメー

ジを心のなかに描き、それを引き寄せて、実際に起こすことが大事です。

「自分には病気があるから、なかなか活動ができない」という言い訳はあるでしょうが、それでは、この世の普通の人間と同じです。信仰者であるならば、普通の人間を超えなければいけません。

あまり弱くならず、強くなってください。病気など、踏み倒していかなければいけません。「そんなものに負けてたまるか！」と思わなくてはならないのです。

あらゆる病気に対して、「人間のほうが偉いのだ！」と言って、命令しなければいけません。「私は主のお役に立っているのだ。それが分かっているのか！私は主の直弟子だ。おまえたちのような病気に負けている暇などないのだ！」と、病気を叱りつけるぐらいの気力がなければいけません。

そういう気持ちでいたならば、どんな仕事でもできるでしょう。

そのときに大事なことは、言い訳をできるだけなくすことです。できないことの言い訳はたくさんあるでしょうが、言い訳をせずに、とにかく前進することです。一歩でも二歩でも前進し、やれることをやっていくことです。

旧(ふる)い遺伝子を持つ政治家など、もう要(い)らない

今年、総選挙があるとしたら、それは幸福実現党にとって三回目の選挙になりますが、もういいかげんに勝たないと、火山が噴火(ふんか)するでしょう。どこの火山が噴火するかは分かりませんが、日本には火山があちこちにあるので、候補地はいくらでもあります。ドドーッと、本当に噴火します。

三回目なので、そろそろ勝ってもらわないと困るのです。今の政治家は「政治屋」として何年かやっているのかもしれませんが、ろくでもない人ばかりなので、「解散したら、二度と国会に帰って来るな！」と言わなければいけません。

今、幸福の科学学園関西校（二〇一三年開校予定）や幸福の科学大学（二〇一

五年開学予定）などに資金が必要なので、政党のほうは予算を締め上げられて、やや力が不足していますが、ボランティア精神で、「政治活動をやりたい」という人がいたら、堂々と名乗りを上げて、やってくださって結構だと思います。

とにかく、旧い政治家は、もう要りません。一日も早く辞めてほしいのです。まともな人にやってもらわないと駄目です。旧い遺伝子の政治家は、もう役に立たないので、そういう人たちは中国や韓国にでも行けばよいのです。日本には、もう要りません。

あるいは、尖閣諸島か竹島にでも縛りつけておいたらよいでしょう。「煮るなり焼くなり、好きにしてください」と言って、〝捕虜〟として置いておけばよいのです。そのほうが、日本の国の役に立ちますから、もう帰って来なくて結構です。まともな人が政治をやらないと本当に駄目です。

国政の分からない「日本維新の会」を持ち上げるマスコミは狂っている

日本のマスコミも狂っているので、マスコミが狂っていることを、はっきりと分からせるだけの結果を出さなければいけないと思います。

マスコミは、「大阪維新の会（日本維新の会）」を、あんなに持ち上げていますが、本当に狂っています。「維新」という言葉についても、当会は、すでに三年前に、「幸福維新」と言っていたのです。橋下氏は、それを全部盗んで言っているだけであり、ほとんど何の考えも持っていません。本当にどうしようもないのです。

そんな、ただの旅芸人の座長のような人を、首相になどしてはいけません（『徹底霊査 橋下徹は宰相の器か』〔幸福実現党刊〕参照）。国民は、また三年も四年も、前回の政権交代のときと同じようなことを繰り返すつもりでいるのでしょうか。

彼は国政のことなど何も分かっていないのですから、いいかげんにしてもらいたいものです。

マスコミのレベルが、本当に地獄レベルなので、まともな判断が全然できないというか、正反対になっていることはよく分かるのですが、そういうマスコミに対しては、「もう神様も黙ってはいられない」と言う必要があります。

正しいことを正しいこととして、真実を真実として認めさせる力が鈍ってはいけないと思うのです。

したがって、もっと、はっきりとものを言いましょう。はっきりとものを言わないから分からないのです。

この世では、頭が悪く、善悪も分からないような〝地獄の住人たち〟も、みな一票を持っているので、そういう人たちに対して、金棒で頭をガツーンと殴りながら、はっきりとものを言ってあげなければいけません。

例えば、映画「神秘の法」を観た人には、「次にしなければいけないことは、三帰誓願（仏・法・僧の三宝への帰依を誓うこと）をすることと、選挙で幸福実現党に投票することです」と、はっきり言ってください。

フィリピンでは、映画「ファイナル・ジャッジメント」の小規模な上映会を三回行っただけで、一般の人が、新たに約二百人も当会の会員になったそうです。日本国内の活動が、フィリピンに負けていて、どうするのですか。本当に情けないことです。

「信仰心がない」ということは、「動物だ」ということです。動物には信仰心がありません。キツネやタヌキには少しあるかもしれませんが、一般に、動物には信仰心がないのです。信仰心を持っているのは、高等動物である人間だけです。すなわち、「信仰心がない」ということは、「人間ではない」ということであり、非常に恥ずかしいことなのです。

今、覇権主義をとっている隣の国の国民は、信仰心がない人たちであり、私たちは、彼らを改心させようとして活動しているのですから、政党のほうも、政治的に頑張ってもらわないと困ります。

したがって、もっと強くなっていただきたいのです。

宗教教育をしなければ「人間」にはなれない

また、日本には宗教がたくさんあるものの、邪教だらけであり、私は本当に腹が立っているのですが、我慢して黙っています。

他の宗教のことを悪く言うと、宗教全体の評判が一緒に下がってしまうため、私は、しかたなく黙っているのですが、率直に言って、当会は中身が全然違うので、一緒にしてもらっては困るのです。

最近、毎週金曜日には、首相官邸前で、「脱原発デモ」が行われていますが、その運動のリーダーである大江健三郎氏についても、すでに本を出して批判しています（『大江健三郎に「脱原発」の核心を問う――守護霊インタビュー――』〔幸福の科学出版刊〕参照）。

もう一人、中沢新一という宗教学者も、脱原発運動に参加してＮＨＫのインタビューに応じていましたが、この人は、いつも正反対のことをしています。

彼は東大宗教学科卒の宗教学者であり、中央大学で教授として教えていたのですが、ケツン・サンポ・リンポチェとかいうチベット密教の僧侶の間違った教えを訳して『虹の階梯』という本を書いたのです。そして、オウム教がそれを根本教典のようにして修行をした結果、あの地下鉄サリン事件が起きて、数千人もの死傷者が出たわけです。

そういう意味で、中沢氏は、とっくに刑務所に入っていなければいけない人なのに、まだ官邸前で脱原発デモをして、ＮＨＫのインタビューに答え、「これは市民運動です。左翼運動ではなく、市民から自発的に起きた運動です」などと、堂々と語っているのです。

オウムを擁護した宗教学者の島田某という人も、はっきり言って共犯です。サリン事件にかかわったオウムの幹部の多くには死刑判決が出ているのですから、それに理論的裏付けをして応援した連中も、本当は裁かれなければいけないのに、彼らは、まだ堂々とテレビに出てしゃべっているのです。

このように、善悪の価値観の分からないマスコミの情けなさというか、愚かさ加減というか、頭の悪さは、どうにかならないものでしょうか。

とにかく、学校や塾、あるいは社会人教育において、宗教教育をもっと広げなければいけません。

要するに、宗教教育をしなければ、「人間」になれないのです。宗教教育は、教養のある人間になるための自己啓発として大事なものです。

幸福の科学の信者が行っている、真理伝道のための献本活動等は、単なる献本ではありません。これは、動物を人間に変える仕事なのです。信仰が分からない人は獣の仲間なのですから、そういう人を「人間」に変えなければいけないのです。

その点をしっかりと理解していただきたいと思います。

3 マスコミの偏向報道を変えるために

【質問】

先ごろ発刊された『守護霊インタビュー 石原慎太郎の本音炸裂』（幸福実現党刊）のなかで、石原慎太郎氏の守護霊から、幸福実現党に対する厳しいコメントがあり、とても悔しく思いました。

ただ、現在、幸福実現党は、国論を変えるべくさまざまな活動をしていますが、オスプレイ配備問題や原発問題などに見られるように、マスコミのひどい偏向報道のため、まだ十分に国論を変えるには至っていません。

マスコミに正当な仕事をしていただき、この国をよき方向へ導いていくくための方法について、ご教示いただければと思います。

「政党の支持層」を「宗教法人の支持層」より大きくする努力を

詳しく述べると長くなるので、ポイントを絞ってお答えすることにします。

「『守護霊インタビュー　石原慎太郎の本音炸裂』という本のなかで、石原氏の守護霊が幸福実現党の批判をしている」とのことですが、それに対しては、『源義経の霊言』（『公開霊言　天才軍略家・源義経なら現代日本の政治をどう見るか』〔幸福実現党刊〕として発刊）のなかに、源義経の霊による公式反論が載っています。

源義経が、霊言の最後で、自身が幸福実現党党首として生まれ変わっていることを明かし、石原氏の守護霊に対して公式に反論していますので、党首の公式見解については、同書を読んでいただきたいと思います。

それ以外に、幸福実現党に足りないところを付け加えるとしたら、支持層のところでしょう。

一般に、宗教には長く活動しているところが多いので、宗教団体が政治活動をした場合には、宗教の信者の外側にある、いわゆるフレンド票というか、間接的な支持票が入り、信者数以上の票をとりまとめることができるのが普通です。

ところが、幸福実現党の活動を見るかぎり、「宗教法人幸福の科学の支持層よりも、幸福実現党の支持層のほうが小さい」という結果が出ています。

もちろん、活動している年数が違うと言えば違います。宗教法人のほうは、二十六年間活動していますが、政党のほうは、立党して三年しかたっていないので、認知度や信用度に差があるのは事実です。

この結果は、「宗教法人のほうが、政党よりも信用がある」ということなのですが、やはり、宗教団体の支持層よりも、政党の支持層のほうが、さらに大きくならなければいけません。

その意味で、宗教法人幸福の科学に属している信者の隅々(すみずみ)にまで、「正しい政治を行うことの大切さ」ということを浸透(しんとう)させていく努力をしなければいけないと思います。

マスコミが幸福実現党の報道を控(ひか)える意外な理由

世の中にはたくさんの人間がいるので、一人ひとりに対して懇切丁寧(こんせつていねい)に話をすることはなかなか難しいとは思います。そこで、はっきりとものを言うことも大事だと思うのです。

時間の短縮のためには、はっきりとものを言わなければいけません。世の中には、はっきり言わないと分からない人がたくさんいるからです。したがって、はっきりと言ってあげてください。

はっきり言えば、マスコミでも分かることがあります。どうやら、当会が言っていることは少し難しいようなのです。

マスコミは、当会が発信する政治的なメッセージを受け取ったとしても、それ以外にもいろいろなものが発信されているため、全部について分かった気がしないようです。当会の書籍（しょせき）の、どこに何が書いてあるかがよく分からないので、「もしかしたら、理解が間違っているかもしれない」という不安感があるのだろうと思います。

もう一つ、マスコミには、単に、宗教が政治に進出することに反発して、「宗教政党だから相手にしない」という態度を取っているだけではなく、「畏（おそ）れ多くて言えない」という面も半分はあるようです。

例えば、一般の正当なメディアである新聞やテレビなどは、皇室報道になると用心深くなり、報道を極端に控えて、かなり制限しますが、当会に対しても、そういう面が一部にあるらしいのです。

もちろん、週刊誌ぐらいのメディアになると、当会の悪口も出ますし、皇室の悪口も出しています。

幸福実現党は、二〇〇九年に旗揚げし、立党の記者会見を行いましたが、集まった記者の様子を見ていた田中順子さん（元日本テレビ・ニュースキャスター）は、「集まっているマスコミ各社の人たちは、みな緊張していて、この雰囲気は、皇室の記者会見の感じと同じです。彼らは、『皇室の記者会見と同じレベルのものだ』と思って来ているようです」と言っていました。

当会にはそういう面があるらしく、お互いの認識に少しずれがあるようです。

こちらは、単に、「マスコミは、幸福実現党の活動をきちんと報道してくれない」と不満に思っているのですが、向こうは、そのように少し腰が引けており、

「よその団体なら、どこでも悪口を言いたい放題に言えるのに、ここだけは、悪口を言うと何か畏れ多いことがあるのではないか」と思っているらしいのです。

そうであるならば、マスコミの担当者ともう少し言葉を交わして意思疎通を円滑にし、「これは書いてもよいことです。これは言ってもよいことです」ということを、きちんと教えてあげればよいでしょう。そうすれば、「ああ、そうですか。これはよいのですね」と分かることもあります。

要するに、マスコミが幸福実現党のことを報道しない理由には、「書いてよいのか、悪いのかが分からない。皇室報道のように、下手に扱うと怖い」という面と、「幸福の科学や幸福実現党が発信するメッセージについて全部を分かり切ることができない」という面とがあるようです。

組織をつくり、きちんと政治家を養成している幸福実現党

石原慎太郎氏は、日本人にしては珍しく、中国人のようにはっきりとものを言う人であり、その点は評価されるべきだと思います。

ただ、石原氏の守護霊による幸福実現党への批判を見ると、彼は組織を理解していないことが分かります。それが、彼が総理大臣になれなかった理由でもあろうと思うのです。

彼は組織を理解しておらず、個人として作家と政治家をやっています。そういう考え方でもって、幸福実現党を批判しているわけです。

つまり、彼は、「組織をつくり、基本的なテキストに基づいて人材を養成していく」という考え方を持っていないため、その意義が分かっていません。

一方、当会は、ＨＳ政経塾という政治家養成の塾をきちんとつくりながら、今、だんだん組織をつくっていっているので、やや時間はかかっていますが、いったん勝ち始めたら、堂々の進軍が始まるでしょう。

今は、みな、「大阪維新の会（日本維新の会）」になびいており、みんなの党を分解させながら選挙に向かっていこうとしていますが、おそらく、維新の会は、一回で終わりになるでしょう。今回の選挙で風が吹き、大勝しなければ、もう次の回はありません。なぜかというと、橋下氏には資金も組織もないからです。単に、個人の人気だけなので、すぐにあきられるでしょう。

橋下氏は、今年の春から、もう半年ぐらい話題になっているので、そろそろ種が尽きてきています。これで選挙を一回やったら、それで終わりになるでしょうし、もし勝てなかったら、あとはパーッと散っていくことでしょう。

私は、日本の国政が、そのような、本当につまらない空気で動いていることが残念でしかたがありません。やはり、日本の政治にバシッと一本貫くものを通していきたいと思っています。

あえて悪者になってでも、言うべきことは言わねばならない

私たちも、改めるべき面は改めなければいけませんが、もう少し相手に分かるように、端的に物事を言っていく努力をしましょう。それが大事なのではないでしょうか。

また、宗教法人の支持者の外側に、政党のほうの応援者を、もっとつくるように努力していかなければいけないと思います。

二十六年対三年という活動年数の差があるので、無理なところもあるかもしれませんが、政党本部が入るビル（ユートピア活動推進館）を永田町の近くに建てたため、「幸福実現党は、まだ政治運動を続けているらしい。本当にやる気なのだな」と見られるようになってきつつあります。

したがって、幸福実現党も、そろそろ頑張って結果を出さなければいけないこ

ろでしょう。私としては、まだまだこんなものでやめる気はありません。

マスコミの経営陣が宗教絡みの政治活動の情報を意図的に外している可能性はありますし、実際、私にも、そのように感じるところはあります。

ただ、幸福実現党の言っていることだけがいつも合っていて、ほかの政党の言うことが全部間違っているにもかかわらず、マスコミが報道しない姿勢をずっと続けていたならば、それはマスコミの職業倫理に反しているため、やがて国民からの反作用が必ず起きてきます。

正しいことを言っているところを取り上げずに、間違ったことを言うところばかりを取り上げて応援し、いつも結論が外れていたならば、国民が離れていくに決まっています。

メディア界は、これから、どんどん潰れていくような、非常に怖い時代に入っていくので、「何が正しいのか」ということが、とても大事になってきます。今後、マスコミは、きれいごとや嘘を言って生き延びることができなくなるでしょう。

私たちは言うべきことを言います。私も、言うべきときには、あえて悪者になってでも言います。

私の話を聴いて肝を冷やし、急に逃げ出したくなるような外国人もいるかもしれませんが、私は、他の国の人々も、「地球人」として愛しているので、逃げなくても大丈夫です。

私は、「日本の国が侵略されてはたまらない」と思って怒っているだけであり、「ほかの国をみな滅ぼしてやろう」などと思っているわけではありません。

是々非々を、きちんと言うことも、私の大事な仕事です。私はそういう立場にあるのです。今、日本人でそれを言える人は、私しかいないので、あえて言っているのです。

石原慎太郎氏の守護霊も、霊言では本音をガンガン言っていますが、神武天皇の霊言（『神武天皇は実在した』参照）を読むと、神武天皇は石原慎太郎氏よりも上であり、この人が「右翼の総帥」であることがはっきり分かります。石原慎太郎氏よりも、はるかに怖い人です。

しかし、神武天皇よりも、私のほうが、本当はもっと〝怖い〟のです。それを知っていただければ結構です。

あとがき

この国のマスコミは急速に信頼を失いつつある。

ＮＨＫを国営放送として許せない、という人々も私のまわりには増えてきつつある。もちろん受信料は払いたくないそうだ。あまりの偏向度と、結論の間違いにウンザリしているのだ。紙の新聞にも正義の観点から淘汰が始まるだろう。週刊誌の一部は、既に地獄の使者と化している。

「正論で衆愚政民主主義を打破せよ。」「何が正しいかをキッチリと検証せよ。」

「北朝鮮や中国の軍事独裁政権は、民衆の敵だ。」

正しいことは言い続けなくては、良い政治もできず、この国に未来も拓けまい。

『幸福実現党』こそ真の「維新政党」である。

正しい認識を持つことを国民各位に求める。

二〇一二年　九月十七日

国師　大川隆法

『国を守る宗教の力』大川隆法著作関連書籍

『幸福実現党宣言』（幸福の科学出版刊）
『新・日本国憲法 試案』（同右）
『核か、反核か』（同右）
『神武天皇は実在した』（同右）
『大江健三郎に「脱原発」の核心を問う』（同右）
『平成の鬼平へのファイナル・ジャッジメント』（幸福実現党刊）
『イラン大統領 vs. イスラエル首相』（同右）
『台湾と沖縄に未来はあるか？』（同右）
『日本武尊の国防原論』（同右）
『徹底霊査 橋下徹は宰相の器か』（同右）
『守護霊インタビュー 石原慎太郎の本音炸裂』（同右）

『公開霊言　天才軍略家・源義経なら現代日本の政治をどう見るか』（同右）

国を守る宗教の力 ──この国に正論と正義を──

2012年 9 月27日　初版第 1 刷

著　者　　　大　川　隆　法

発　行　　　幸福実現党
〒107-0052 東京都港区赤坂 2 丁目10番 8 号
TEL(03)6441-0754

発　売　　　幸福の科学出版株式会社
〒107-0052 東京都港区赤坂 2 丁目10番14号
TEL(03)5573-7700
http://www.irhpress.co.jp/

印刷・製本　株式会社 東京研文社

落丁・乱丁本はおとりかえいたします

ISBN978-4-86395-248-5 C0030

大川隆法 ベストセラーズ・最新刊

李克強 次期中国首相 本心インタビュー
世界征服戦略の真実

「尖閣問題の真相」から、日本に向けられた「核ミサイルの実態」、アメリカを孤立させる「世界戦略」まで。日本に対抗策はあるのか!?

【幸福実現党刊】〔8月13日収録〕

1,400円

守護霊インタビュー
石原慎太郎の本音炸裂

「尖閣・竹島問題」から「憲法改正」「政界再編」まで——。石原都知事の「本音」を守護霊に直撃!! 包みかくさず語られたその本心に迫る。

【幸福実現党刊】〔8月14日収録〕

1,400円

公開霊言
天才軍略家・源義経なら現代日本の政治をどう見るか

先の見えない政局、続出する国防危機……。現代日本の危機を、天才軍事戦略家はどう見るのか？ また、源義経の転生も明らかに。

【幸福実現党刊】〔8月16日収録〕

1,400円

※表示価格は本体価格(税別)です。

大川隆法 ベストセラーズ・最新刊

今上天皇・元首の本心
守護霊メッセージ

竹島、尖閣の領土問題から、先の大戦と歴史認識問題、そして、民主党政権等について、天皇陛下の守護霊が自らの考えを語られる。〔8月29日収録〕

1,600円

横井小楠
日本と世界の「正義」を語る
起死回生の国家戦略

明治維新の思想的巨人は、現代日本の国難をどう見るのか。ずば抜けた知力と世界を俯瞰する視点で、国家として進むべき道を指南する。
【幸福実現党刊】〔9月4日収録〕

1,400円

坂本龍馬 天下を斬る！
日本を救う維新の気概

信念なき「維新ブーム」に物申す！混迷する政局からマスコミの問題点まで、再び降臨した坂本龍馬が、現代日本を一刀両断する。
【幸福実現党刊】〔9月8日収録〕

1,400円

大川隆法ベストセラーズ・幸福実現党 対談シリーズ

野獣対談
――元祖・幸福維新

外交、国防、経済危機――。幸福実現党の警告が次々と現実化した今、国師が語り、党幹事長が吠える対談編。真の維新、ここにあり!

【幸福実現党刊】　〔8月22日収録〕

1,400円

猛女対談
腹をくくって国を守れ

国の未来を背負い、国師と猛女が語りあった対談集。凛々しく、潔く、美しく花開かんとする、女性政治家の卵の覚悟が明かされる。

【幸福実現党刊】

1,300円

国家社会主義への警鐘
増税から始まる日本の危機

幸福実現党の名誉総裁と党首が対談。保守のふりをしながら、社会主義へとひた走る野田首相の恐るべき深層心理を見抜く。

【幸福実現党刊】

1,300円

幸福の科学出版　※表示価格は本体価格(税別)です。